Johannes Kokjé

Einfach 1st Class Kochen

OLIO
EXTRA
VERGINE
DI
OLIVA

Sie kochen gerne?

Sie freuen sich auf einen kulinarischen Abend zu zweit oder mit geladenen Gästen?

Sie lieben gutes Essen, gepflegte Weine und einen gemütlichen Abend?

Für all diejenigen, die das bejahen können, haben wir, Johannes Kokjé und Jean Claude Bado, Rezepte zusammengestellt, die sich sehr gut vorbereiten lassen und auch Ihnen, als Chefkoch des Abends, eine Garantie für einen stressfreien und genussvollen Abend gemeinsam mit Gästen geben.

Wenn Sie sich an die Rezeptur halten, kann Ihnen nichts passieren und der Erfolg ist Ihnen sicher.

Die empfohlenen Weine sind sicherlich kein „Muss“, sie lassen sich selbstverständlich je nach eigenem Geschmack beliebig austauschen.

Ein „Muss“ sollte allerdings sein, dass es auch Ihnen Freude und Spaß bereitet, einen kulinarischen und gemütlichen Abend gemeinsam mit Ihren Gästen zu verbringen.

Meine Frau Margret Kokjé habe ich gebeten, Ihnen einen Denkanstoß für die möglichen Tischdekorationen zu geben. Hier ist natürlich auch jede Idee austauschbar und eigene Kreativität gefragt. Zu den Vorbereitungen zählen auch eigens geschriebene Menükarten. Diese vermitteln Ihren Gästen das Gefühl, einen ganz besonderen Abend zu erleben und machen Ihre Einladung zu einem einzigartigen Erlebnis. Ideen hierzu können Sie übrigens das ganze Jahr über sammeln. Wenn Sie z. B. einen Sommerurlaub am Meer verbringen, so wird bestimmt auch Sie der Muschelsammelzwang überfallen und aus diesem Urlaubsmotto lassen sich die ersten Vorbereitungen für einen wunderschönen kulinarischen Abend herleiten. Beispiele hierzu finden Sie auf den nächsten Seiten dieses Buches.

Summa Summarum:

Dies soll kein Kochbuch für Profis werden – diese verstehen Ihr Handwerk eh und können sicherlich feiner, kunstvoller und kreativer kochen.

Ich meine Sie. Sie haben Freude an gutem Essen und Trinken, Spaß beim Kochen und genießen den Abend zu zweit oder mit guten Freunden, die Sie schätzen und auch verwöhnen möchten.

Ich wünsche Ihnen viel Spaß beim Kochen, ein gutes Gelingen und einen geselligen Abend im Kreise Ihrer Gäste.

Ihr Johannes Kokjé

VIN DE BOR
1999
PRODUCE OF FRANCE
Nuits-Saint-Georges
1999
Nicolas Potel

Nuits St. Georges
Grand Vin Rouge de Bourgogne
mis en bouteille au Domaine Faiveley

Roter Burgunder kann so fein sein, dass er geradezu danach verlangt, für sich allein und ohne begleitende Speisen genossen zu werden. Andererseits kann er in Fülle und Weinigkeit so mächtig sein, dass es ein Genuss ist, Reh und diesen Wein gemeinsam zu genießen.

Über Wein lässt sich sehr viel reden oder auch schreiben; letztendlich entscheidet aber doch der eigene Geschmack.

Deshalb möchte ich in diesem Buch nur Empfehlungen aussprechen, die uns nach unserem Gusto als geeignet und passend erscheinen.

Zunächst möchte ich Ihnen etwas über die vier „G"s des Weines erzählen, die meiner Meinung nach für sich sprechen:

G Gesicht des Weines – man schenke ein Glas ein, betrachte dieses aus einiger Entfernung und erkenne seine Farbe.

G Geruch des Weines – man führe das Glas zur Nase und empfinde, ob es eine Symbiose zum Gesicht bildet.

G Geschmack des Weines – man führe das Glas zum Munde und habe die Möglichkeit zu schmecken. Man verbinde nunmehr Gesicht, Geruch und Geschmack, um herauszufinden, ob alle drei Komponenten übereinstimmen.

G Gesinnung des Weines – wo kommt er her? Nach meinem subjektiven Empfinden kann ich nun viel über den Wein erfahren.

Wenn Gesicht, Geruch, Geschmack und Gesinnung übereinstimmen, sind das sehr gute Voraussetzungen für einen genussvollen Wein. Da aber das Weintrinken sicherlich auch mit Wohlbehagen und eigenem Geschmack zu tun hat, gibt es Lieblingsweine, die man besonders gern und auch immer wieder trinkt. Man identifiziert sich dann mit diesem Weingeschmack.

Ein Tipp für Träumer und Romantiker:

Man nimmt eine Flasche seines Lieblingsweines, packt ihn zusammen mit Korkenzieher und zwei Gläsern in den Rucksack (etwas Baguette dazu wäre nicht verkehrt) und macht sich auf den Weg zu dessen Weingut. Man übernachtet in einem nahe gelegenen Gasthof und stellt sich früh um 4 Uhr morgens (natürlich im Sommer) den Wecker. Mit dem gefüllten Rucksack geht's nun auf in den Weinberg. Setzen Sie sich mitten in diesen Berg, öffnen Sie die Flasche, füllen Sie die Gläser, brechen Sie das Brot und erleben Sie, wie der Frühnebel langsam verschwindet und die Sonne aufgeht.

Sie werden dieses Erlebnis, den Wein mitten in seinem Berg zu trinken, als Superlative empfinden. Und es wird ein einzigartiges Erlebnis sein – ganz gleich, wo Sie diesen Wein in Zukunft trinken werden. Sei es in Tokio, Berlin oder San Francisco. Sobald Sie Ihren Wein im Restaurant ordern, werden Sie ihn genießen und haben das Gefühl, Sie sitzen mitten in seinem Weinberg.

Allseits zum Wohl und genießen Sie die schönen Dinge des Lebens!!!

Austern öffnen

Zubereitung

Die Auster mit einem Küchentuch fest in die Hand nehmen, die flache Schalenseite nach oben. Mit der Spitze eines Austernmessers direkt am Scharnier an der schmalsten Seite einstechen (Abb. 1).

Die Klinge mit kräftigen Bewegungen vor- und zurückschieben, bis das Scharnier nachgibt und sich das Messer zwischen den Schalen rundherum führen lässt (Abb. 2).

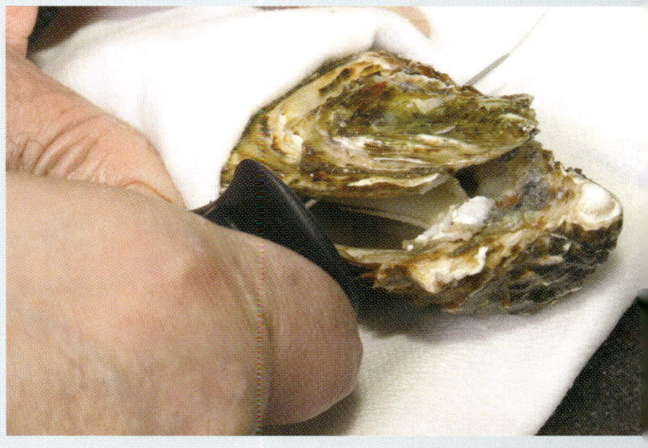

Mit der aufgestellten Messerklinge die obere Schale anheben und den etwas rechts von der Mitte liegenden Schließmuskel erfühlen, der Schale und Fleisch verbindet. Diesen durchtrennen (Abb. 3).

Die obere Schale abheben; dabei die untere Schale waagerecht halten, damit die darin enthaltene Flüssigkeit nicht verloren geht. Das Austernfleisch von kleinen Schalenresten befreien (Abb. 4).

Anrichten

Mit Zitronenhälften und Pfeffermühle servieren (Abb. 5).

Tipp: Himbeeressig mit sehr fein gewürfelten Schalotten vermischt auf die Austern geben. Schmeckt sensationell gut!

Hummer zubereiten

Zubereitung

Hummer mit einem Messerstich in den Kopf töten (Abb. 1), anschließend in kochendem Wasser garen (1 Minute pro 100 g).

Hummer von den Gelenken befreien (Abb. 2).

Hummer längs in 2 Hälften teilen (Abb. 3).

Hummer von Innereien und Darm befreien (Abb. 4).

Hummerfleisch aus Scheren und Gelenken herausziehen (Abb. 5 – 9).

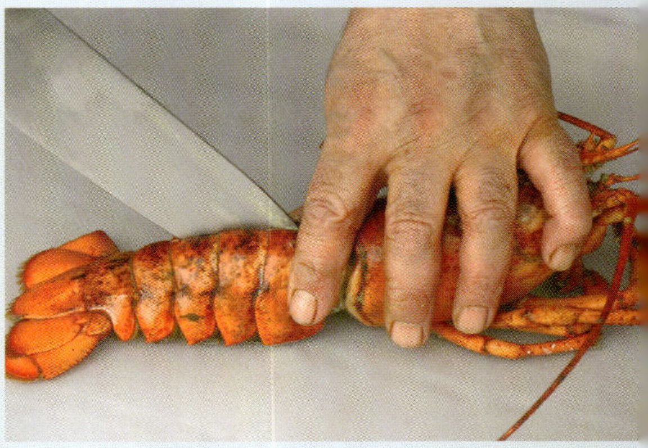

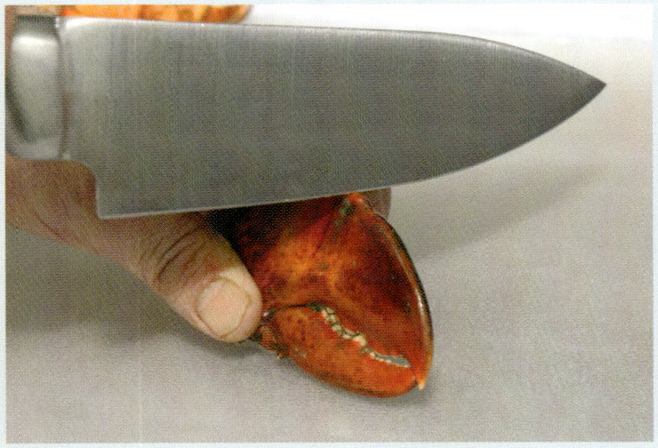
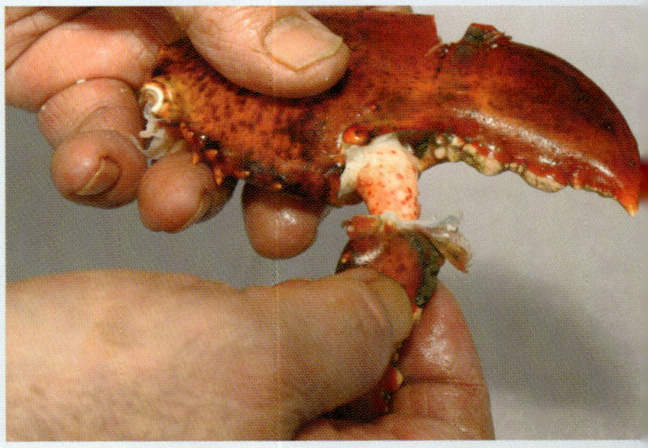

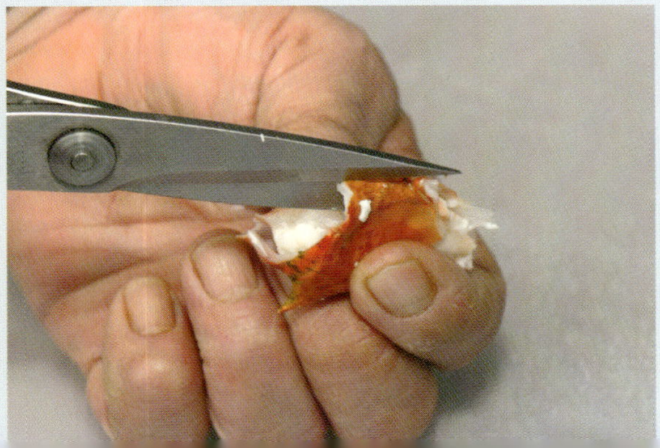

Krebse kochen und pulen

Zubereitung

Krebse 4 Minuten in sprudelnd kochendem Wasser garen, herausnehmen und abkühlen lassen (Abb. 1 – 2).

Krebsschwänze ausbrechen (Abb. 3).

Lachsröllchen mit Meerrettich

Doradenfilet mediterran

Schweinefilet mit Kohlrabi

Soufflé glacé au Grand Marnier
mit
Zitrusfruchtsalat

Weinempfehlung: s. Seite 213

Lachsröllchen mit Meerrettich

Für 4 Personen

Zutaten

8 Scheiben geräucherter Lachs
250 g geräucherter Lachs für die Lachsfüllung
1/4 l Schlagsahne für die Lachsfüllung
1/8 l Schlagsahne für die Sauce
1 kleines Glas Meerrettich natur
1 Zitrone
1/8 l Gemüsefond (s. Grundrezept S. 192)
4 Blatt Gelatine
Salz, Pfeffer aus der Mühle

Vorbereitung

Lachsmousse:
– muss bereits 1 Tag vorher zubereitet werden –

250 g Lachs in kleine Streifen schneiden und in dem Gemüsefond 5 Minuten kochen (Abb. 1 – 2).

Gelatine in kaltem Wasser aufweichen.

Gelatine nun zum warmen Lachs und Gemüsefond hinzufügen und auflösen.

Das Ganze mixen, bis es eine glatte Masse ergibt (Abb. 3).

1/4 l Sahne hinzufügen. Anschließend kurz mixen – nicht zu lang, sonst gibt es Butter (Abb. 4 – 5).

Mousse 1 Tag im Kühlschrank aufbewahren.

Meerrettichsauce:
– kann bereits morgens zubereitet werden –

1/8 l Sahne halbsteif aufschlagen.

3 bis 4 TL Meerrettich hinzufügen.

Mit Zitronensaft, Salz, Pfeffer abschmecken.

Anrichten

Lachsscheiben mit der Mousse füllen und aufrollen. › 2 Lachsröllchen in V-Form auf den Tellern anrichten und die Meerrettichsauce in die Öffnung geben.

Doradenfilet mediterran

Für 4 Personen

Zutaten

2 Doraden à 500 g
Gemüse mediterran für 4 Personen
(s. Grundrezept S. 190)

Sauce:
2 Tomaten
1/4 l Gemüsefond
(s. Grundrezept S. 192)
1 rote Paprika
60 g Zucchini
1 Zwiebel
1/2 Fenchelknolle
3 gehackte Knoblauchzehen
12 Basilikumblätter zur Dekoration
70 g Butter
1 TL Paprikapulver
1 EL gehackte Petersilie
1 EL gehackter Thymian
1 EL gehackter Estragon
1 EL gehacktes Basilikum
1 EL Tomatenconcassee
(s. Grundrezept S. 208)
Salz, Pfeffer aus der Mühle

Vorbereitung

– kann bereits morgens zubereitet werden –

Doraden filetieren und die Filets abgedeckt in den Kühlschrank stellen.

Gemüse mediterran für 4 Personen vorbereiten.

Für die Sauce Gemüse in Würfel schneiden (Tomaten, Paprika, Zwiebel, Fenchel, Zucchini).

Die Gemüsewürfel mit dem Paprikapulver in einen Topf geben.

Mit dem Fond übergießen und das Ganze einkochen lassen, bis 1/3 der Flüssigkeit übrig bleibt (Abb. 1). › Anschließend durch ein Sieb streichen und beiseite stellen (Abb. 2).

Zubereitung

Doradenfilets mit Salz und Pfeffer würzen. Anschließend auf beiden Seiten anbraten (Abb. 3).

Mediterranes Gemüse dazugeben (Abb. 4). › Fisch und Gemüse, wenn es gar ist, herausnehmen und warm halten.

Knoblauch und passierte Sauce in die Pfanne geben (Abb. 5), kochen lassen und mit Butter hochschlagen.

Kräuter und Tomaten dazugeben und nachwürzen. › Fisch und Gemüse auf den Tellern anrichten. Sauce dazugeben und das Ganze mit den Basilikumblättern zieren.

Schweinefilet mit Kohlrabi

Für 4 Personen

Zutaten

8 Schweinefiletmedaillons à 80 g
30 g Butter
4 Kohlrabi à ca. 250 g
20 g getrocknete Morcheln
400 g festkochende Kartoffeln
60 g Butter
1/2 EL Zucker
15 g Mehl
1/4 l Schlagsahne

Öl zum Braten
Salz, Pfeffer aus der Mühle

Vorbereitung

Morcheln / Kohlrabi / Kartoffeln:
– können bereits morgens zubereitet werden –

Morcheln in 400 ml lauwarmem Wasser 30 Minuten einweichen (Abb. 1). › Kohlrabi schälen und mit einem Kugelausstecher aushöhlen (Abb. 2). › Kohlrabikugeln in Wasser beiseite stellen. › Kartoffeln schälen, waschen und in 1 cm große Würfel schneiden, in Wasser beiseite stellen. › 60 g Butter in einem Topf zerlassen. Zucker, Salz und 500 ml Wasser zugeben. Kohlrabi mit der ausgehöhlten Seite nach oben und zugedeckt bei mittlerer Hitze 30 Minuten garen (Abb. 3). › Die Morcheln ausdrücken, das Einweichwasser durch ein mit Küchenpapier ausgelegtes Sieb gießen und 350 ml Flüssigkeit abmessen. Die Morcheln nochmals gründlich in kaltem Wasser waschen und gut ausdrücken.

Zubereitung

30 g Butter erhitzen. Mehl zugeben und bei mittlerer Hitze unter gelegentlichem Rühren 2 Minuten anschwitzen. Morchelwasser (Abb. 4) und Sahne zugießen. Die Sauce unter Rühren aufkochen lassen. › Kohlrabikugeln und Kartoffelwürfel zugeben (Abb. 5) und bei mittlerer Hitze 20 Minuten offen kochen lassen. Dieses mit Salz und Pfeffer abschmecken und die Morcheln zugeben. › Die Schweinefiletmedaillons würzen und ca. 3 Minuten von beiden Seiten in etwas Öl anbraten. Pfanne vom Herd nehmen und 5 Minuten ruhen lassen, anschließend noch mal kurz erwärmen. › Die gegarten ausgehöhlten Kohlrabi aufwärmen und abtropfen lassen, auf die Teller geben und mit dem Ragout füllen. Dazu die Schweinefiletmedaillons anordnen und servieren.

Soufflé glacé au Grand Marnier mit Zitrusfruchtsalat

Für 4 Personen

Zutaten

Parfait:
1/4 l Vanillesauce
(s. Grundrezept S. 210)
1/4 l geschlagene Sahne
4 EL Grand Marnier

Salat:
1 Pampelmuse
2 Orangen
1 Limette
2 Mandarinen
100 g Zucker
4 EL Grand Marnier

Kandierte Schalen:
Schale von 2 Orangen in sehr feine Streifen geschnitten
1/8 l Wasser
80 g Zucker
4 EL Grenadinesirup

Vorbereitung

Parfait:
–muss bereits 1 oder 2 Tage vorher zubereitet werden –

Vanillesauce mit dem Grand Marnier mixen. Sahne darunterheben (Abb. 1). › In eine Form oder Förmchen füllen und in das Gefrierfach stellen.

Kandierte Schalen:
– müssen bereits morgens zubereitet werden –

Wasser, Zucker und Grenadine in einem Topf aufkochen. › Schalen beigeben und auf kleiner Hitze garen (Abb. 2 – 3). › Sollte der Zucker anfangen zu karamellisieren, Wasser hinzufügen. › Kandierte Schalen beiseite stellen.

Zitrusfruchtsalat:
– kann bereits morgens zubereitet werden –

Obst filetieren (Abb. 4 – 5), den Rest des Obstes pressen und den Saft in einem Topf mit Zucker aufkochen. › Erkalten lassen und Grand Marnier hinzufügen. › Obstfilets in dem Saft ziehen lassen und beiseite stellen.

Anrichten

Eisparfait 20 Minuten vor dem Servieren aus dem Tiefkühlfach herausnehmen. › Das Parfait jeweils in der Mitte der Teller anrichten. › Obst mit Sauce rundherum anrichten. › Kandierte Schalen auf das Parfait legen.

Crevetten-Ratatouille-Terrine

Gebratene Stopfleber mit Ingwer

Lammrücken in Estragonsauce

Warme Rotweinkirschen
mit
Trestersahne

Weinempfehlung: s. Seite 213

Crevetten-Ratatouille-Terrine

Für 4 Personen

Zutaten

1 kleine Terrinenform oder
4 gleich große Förmchen
350 g Crevetten frisch
oder in Lake
500 g Ratatouille
(s. Grundrezept S. 204)
Mayonnaise
(s. Grundrezept S. 199)
3 EL Vinaigrette
(s. Grundrezept S. 211)
4 Blatt Gelatine

1 Knoblauchzehe
100 g Feldsalat
1 Bund Basilikum
3 EL Gemüsefond
(s. Grundrezept S. 192)

Vorbereitung

Terrine:
– muss bereits 1 Tag vorher zubereitet werden –

Ratatouille zubereiten. Nach dem Erkalten gut durchmixen (Abb. 1).

Gelatine in kaltem Wasser aufweichen.

Ratatouille aufwärmen.

Gelatine ausdrücken, hinzufügen und sich auflösen lassen (Abb. 2).

250 g Crevetten hinzufügen. Crevetten in Lake vorher gut auspressen (Abb 3).

Die Masse in eine Terrinenform fügen (Abb. 4 – 5) und im Kühlschrank stocken lassen.

Sauce:
– kann bereits morgens zubereitet werden –

Mayonnaise zubereiten.

Basilikum mit dem Gemüsefond und dem Knoblauch mixen und der Mayonnaise hinzufügen.

Zubereitung

Feldsalat mit der Vinaigrette anmachen.

Terrine stürzen und mit dem Elektromesser in gleiche Scheiben schneiden.

Mit der Sauce, dem Salat und den restlichen Crevetten anrichten.

Gebratene Stopfleber mit Ingwer

Für 4 Personen

Zutaten

1 Ingwerknolle
12 EL Gemüsefond
(s. Grundrezept S. 192)
4 EL weißer Portwein
4 EL Sherry medium
100 g Butter
Mehl
8 Scheiben Entenstopfleber à 50 g
2 Boskop-Äpfel
Öl zum Braten
Salz, Pfeffer aus der Mühle

Zubereitung

Ingwer schälen und in streichholzgroße Stücke schneiden.

Mit dem Portwein, Sherry, Gemüsefond und einer Messerspitze Mehl auf 1/3 einkochen (Abb. 1 – 2).

Mit Butter hochschlagen und würzen.

Apfelbeilage:
Äpfel schälen und in dicke Scheiben schneiden.

Salzen und in Butter anbraten (1/2 Minute auf jeder Seite) (Abb. 3).

Auf einem Blatt Küchenpapier aufbewahren und zum Anrichten wieder kurz aufwärmen.

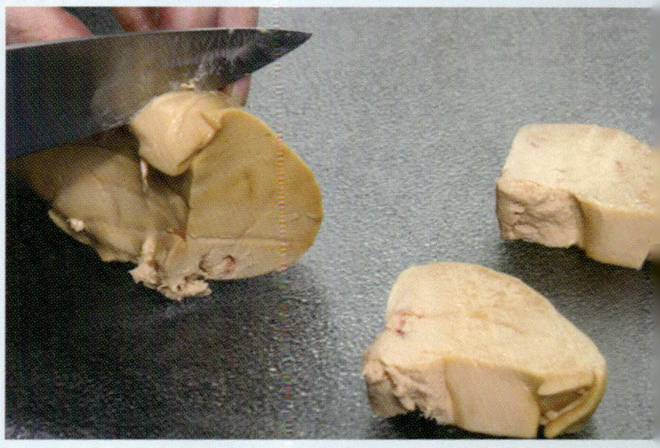

Stopfleber:
Stopflebermedaillons in Mehl wälzen, salzen und pfeffern (Abb. 4 – 5).

Eine Minute auf jeder Seite stark in etwas Öl anbraten.

Auf ein Blatt Küchenpapier legen und abtupfen.

Auf den Tellern anrichten, mit warmer Sauce überziehen und mit Apfelscheiben kreisförmig dekorieren.

Lammrücken in Estragonsauce

Für 4 Personen

Zutaten

8 Lammnüsschen
vom Rücken à 70 g
1 Schalotte
4 EL Gemüsefond
(s. Grundrezept S. 192)
2 EL Schlagsahne
2 EL gehackter Estragon
2 EL Tomatenconcassee
(s. Grundrezept S. 208)
1 EL Balsamicoessig
50 g Butter
Öl zum Braten
Salz, Pfeffer aus der Mühle

Vorbereitung

– kann bereits morgens zubereitet werden –

2 EL Tomatenconcassee vorbereiten und in den Kühlschrank stellen.

2 EL Estragon hacken.

Zubereitung

Schalotte schälen und hacken.

Lammnüsschen würzen und anbraten (Abb. 1).

Schalotte beigeben.

Pfanne mit Essig ablöschen (Abb. 2) und Fond hinzufügen (Abb. 3).

Lammnüsschen herausnehmen und warm halten.

Sahne zur Sauce geben.

Sämig einkochen lassen (Abb. 4).

Sauce mit Butter aufschlagen und nachwürzen.

Estragon und Tomatenconcassee hinzufügen (Abb. 5), kurz aufkochen und anrichten.

Warme Rotweinkirschen mit Trestersahne

Für 4 Personen

Zutaten

400 g saure entkernte Kirschen
1/8 l Schlagsahne
3/4 l Rotwein
1 Lorbeerblatt
2 Nelken
2 Teebeutel Pfefferminztee
1 EL Zimt
200 g Zucker
40 ml Trester
1 Zitrone

Vorbereitung

Rotweinkirschen:
– muss bereits 1 Tag vorher zubereitet werden –

Zitronenschale von einer Zitrone in Stücke schneiden (Abb. 1).

Den Rotwein in einen Topf geben (Abb. 2).

Zucker, Zimt, Teebeutel, Nelken und Lorbeer hinzugeben und aufkochen lassen (Abb 3).

Zitronenschalen hinzufügen (Abb. 4).

Die Masse 1 Stunde ziehen lassen.

Durch ein Sieb passieren und wieder in den Topf geben.

Kirschen dazugeben, nochmals kurz aufkochen und 1 Tag ziehen lassen (Abb. 5).

Zubereitung

Sahne halbsteif schlagen und Trester dazugeben.

Kirschen in Rotwein aufwärmen und anrichten.

Trestersahne großzügig darüber verteilen.

Stopfleberterrine

Roulade vom Loup de mer und Lachs
in
Pernodsauce

Kalbsmedaillons mit Zitrusfrucht

Pinacolada-Eissoufflé
mit
Lychees

Weinempfehlung: s. Seite 213-214

Stopfleberterrine

Für 4 – 6 Personen

Zutaten

1 Terrinenform (1 l Inhalt)
1 Entenstopfleber von 600 g – 800 g
1/4 l sehr guter roter Portwein
3 EL weißer Portwein
Cognac
Apfelquiche (s. Grundrezept S. 188)
1 TL Salz, Pfeffer aus der Mühle

Tipp: Beim Einkaufen niemals sparen. Nur beste Produkte versprechen besten Geschmack.

Vorbereitung

Entenstopfleber:
– muss 2 1/2 – 3 Tage vorher zubereitet werden –

Haut und Adern von der Entenstopfleber sehr sorgfältig entfernen (Abb. 1).

Die von allen Häuten und Adern befreite Leber weich kneten, salzen und pfeffern (Abb. 2), mit Cognac und rotem und weißem Portwein übergießen (Abb. 3), dann nochmals weich kneten. › Mit Folie abgedeckt 24 Stunden kühl stellen und durchziehen lassen.

Nach 24 Stunden die Terrine mit der Leber füllen und diese leicht hineindrücken, damit beim Garen eine homogene Masse entsteht (Abb. 4). Mit den Händen die Oberfläche gut glätten. › Mit dem Deckel verschließen und im Wasserbad in den vorgeheizten Backofen stellen. Die Wassertemperatur sollte 80 °C betragen (etwa 85 °C Ofentemperatur) (Abb. 5).

Im Ofen ca. 40 Minuten garen. › Die fertige Entenstopfleber mindestens 24 Stunden im Kühlschrank ruhen lassen und erst dann stürzen.

Apfelquiche:
– kann bereits morgens zubereitet werden –

Anrichten

Scheibe Entenstopfleber in die Mitte der Teller legen und den warmen Apfelquiche kreisförmig platzieren.

Roulade vom Loup de mer und Lachs in Pernodsauce

Für 4 Personen

Zutaten

2 Filets vom Loup de mer à 140 g
2 Filets von Lachs à 125 g
100 g Spinat
1 Schalotte
1 Fenchel
40 ml Pernod
100 ml Noilly-Prat (frz. Wermut)
100 ml Schlagsahne
Gemüsefond (s. Grundrezept S. 192) oder Fischfond
80 g Butter, Öl zum Braten
Zucker, Salz, Pfeffer aus der Mühle

Tipp: Damit der Spinat schön grün bleibt, sollte man ihn nach dem Kochen in kaltes Wasser legen.

Tipp: Die Fisch-Spinatrolle ist gerade für den Anfänger nicht ganz einfach. Lassen Sie sich an dieser Stelle helfen.

Vorbereitung

– kann bereits morgens zubereitet werden –

Spinat in kochendem Wasser kurz blanchieren und in kaltem Wasser abschrecken. › Spinat auf Küchenpapier abtrocknen. › Fischfilets vom Loup de mer und Lachs mit Salz und Pfeffer würzen und in Streifen von ca. 1 cm Breite schneiden (Abb. 1). › Frischhaltefolie auf ein Tuch legen, Spinat flach auf der Folie anrichten (Abb. 2). › Fischstreifen drauflegen und das Ganze mit Hilfe des Tuches rollen. Folienenden mit einer Schnur stramm gerollt zubinden (Abb. 3 – 4). › Die Folie muss sehr stramm am Inhalt liegen, sonst gibt es keine Bindung. › Nach dem Einrollen in den Kühlschrank legen.

Zubereitung

Fischroulade in Folie in Salzwasser 11 Minuten garen, das Wasser darf dabei nicht kochen. › Fenchel in 4 jeweils 0,5 cm breite Scheiben schneiden, mit Salz, Pfeffer und einer Prise Zucker würzen und halb und halb in Butter und Öl braten, bis er Farbe bekommt (Abb. 5). Der Strunk ermöglicht, dass der Fenchel zusammenhält.

Sauce:
Schalotte schälen und hacken. Den Rest Fenchel dazu hacken. › Das Ganze in Öl anschwitzen und mit Noilly-Prat und Fond löschen und zur Hälfte einkochen. › Sahne dazugeben und nochmals zur Hälfte einkochen, bis es sämig ist. › Pernod dazugeben und kurz aufkochen. Rest Butter dazu aufschlagen und mit Pfeffer und Salz würzen. › Folie entfernen und die Rouladen schneiden (am besten mit einem Elektromesser). › Anrichten und Fenchel sowie Sauce dekorativ verteilen.

Kalbsmedaillons mit Zitrusfrucht

Für 4 Personen

Zutaten

12 Kalbsfiletmedaillons à 60 g
12 Rosmarinzweige à ca. 13 cm
5 Orangen
3 Zitronen
zusätzlich Orangen u. Zitronen für jeweils 100 ml Saft
2 Pampelmusen
20 g Butter
70 ml Traubenkernöl
4 EL Kalbsfond
1/2 TL Demi-Glace

80 g Schalotten sehr fein gehackt
1 rote Pfefferschote sehr fein gehackt
2 TL frisch gehackter Estragon
2 EL Öl zum Braten
Salz, Pfeffer aus der Mühle

Beilagenempfehlung: Kartoffel-Sellerie-Püree
1 kg mehlig kochende Kartoffeln (schälen und würfeln), 250 g Knollensellerie (schälen und würfeln), 100 g Butter, 300 ml Schlagsahne, frisch geriebener Muskat, Salz, Pfeffer aus der Mühle

Vorbereitung

– kann bereits morgens zubereitet werden –

Fruchtfilets von Orangen, Zitronen, Pampelmusen vorbereiten (s. S. 25) und wegstellen (Abb. 2) › Orangensaft und Zitronensaft pressen. › Haben Sie auch an die Rosmarinzweige gedacht?

Zubereitung

Kartoffel-Sellerie-Püree:
Kartoffeln und Sellerie im Salzwasser weich kochen, abgießen, Topf geschlossen halten. › Sahne kurz aufkochen. Die Sahne und Butter auf die Kartoffeln und den Sellerie geben und mit dem Handmixer durchmixen. Mit Pfeffer, Salz und etwas Muskat abschmecken. Den geschlossenen Topf heiß beiseite stellen.

Vinaigrette:
Orangensaft, Zitronensaft, Traubenkernöl, 4 EL Kalbsfond, 1/2 TL Demi-Glace, Schalottenwürfel und rote Pfefferschote im Topf erhitzen, Estragon, Orangenfilets, Zitronenfilets, Pampelmusenfilets dazugeben und vorsichtig erwärmen (Abb. 3–4). Heiß beiseite stellen.

Fleisch:
Butter und Öl in einer Pfanne erhitzen und die Kalbsmedaillons pro Seite jeweils 1 Minute anbraten. Salzen, pfeffern, die Pfanne beiseite stellen und das Fleisch 3 Minuten ruhen lassen. Dabei das Fleisch einmal wenden (Abb. 5). › Die Pfanne nochmals erhitzen und das Fleisch erneut wenden. › Das Fleisch auf den Tellern anrichten und mit der heißen Vinaigrette überziehen. › Dazu das Kartoffel-Sellerie-Püree reichen.

Pinacolada-Eissoufflé mit Lychees

Für 4 Personen

Zutaten

1/8 l Ananassaft
80 g Kokosnussmark
100 ml Milch
3 Eigelb
60 g Zucker
1/4 l Schlagsahne
20 Lychees
12 Würfel Ananas à 1 cm
100 ml Rum

Butter und Zucker zum Ananasanbraten

Wir haben bewusst auf Rezepte verzichtet, für die Sie eine Eismaschine benötigen. Eissoufflés sind einfach und unkompliziert und genauso köstlich.

Vorbereitung

Eisparfait:
– muss bereits 1 oder 2 Tage vorher zubereitet werden –

Milch mit Kokosnussmark aufkochen und 15 Minuten ziehen lassen. Durch ein Sieb passieren.

Eigelb mit Zucker aufschlagen und Milch hinzufügen.

Warm rühren, bis es eine Bindung gibt. Es darf nicht kochen!

Ananassaft und die Hälfte vom Rum zugeben und erkalten lassen.

Sahne aufschlagen und unterrühren.

In eine Form oder Förmchen geben und ins Gefrierfach stellen.

Zubereitung

Ananas in Butter anbraten, mit Zucker bestreuen und karamellisieren lassen (Abb. 3).

Mit restlichem Rum ablöschen und Lychees zufügen (Abb. 4 – 5).

Das bereits vor 20 Minuten herausgenommene Eisparfait auf die Teller geben. Obst und die Rumsauce rundherum verteilen.

Melone mit Krebsen
in
Estragonmayonnaise

Kaninchenleber mit Lauch in Blätterteig

Stubenküken mit Sauce Béarnaise

Quarkmousse mit Limetten

Weinempfehlung: s. Seite 214

Melone mit Krebsen in Estragonmayonnaise

Für 4 Personen

Zutaten

2 reife Cavaillon-Melonen
(ein paar Tage vorher einkaufen, damit sie garantiert reif sind)
40 frische Krebse (s. S. 14)
weißer Portwein

Mayonnaise mit Estragon
(Zubereitung s. Grundrezept S. 199):
2 Eigelb, 1 TL milder Senf, 1/8 l Traubenkernöl,
1 EL gehackter Estragon, 1 TL roter Portwein,
Salz, Pfeffer aus der Mühle

Tipp: Das Ausschneiden der Melonen ist ganz einfach und hat eine große Wirkung. Es sieht wunderschön aus und schmeckt herrlich sommerlich.

Vorbereitung

Mayonnaise mit Estragon:
– kann bereits morgens zubereitet werden –

Zubereitung

Melonen:
Die Melonen wie abgebildet halbieren und die Kerne herausnehmen (Abb. 1).

4 x 8 Melonenkugeln ausstechen (Abb. 2–3), restliches Fruchtfleisch durch ein Sieb passieren und 2–3 EL von dem gewonnenen Melonensaft unter die Mayonnaise heben.

Krebse:
Die Krebse in kochendem Salzwasser 4 Minuten kochen.

Topf vom Herd nehmen und 10 Minuten ziehen lassen, die Krebse dann ausbrechen und den Darm entfernen.

Anrichten

Die halbierten Melonen auf den Tellern platzieren. Jeweils 8 Melonenkugeln mit Portwein beträufeln und zusammen mit 5 Krebsschwänzen mit Estragonmayonnaise in die Melonenhälften füllen.

Die restlichen 5 Krebse jeweils um die halbierte Melone platzieren und auch dieses Krebsfleisch mit etwas Estragonmayonnaise drapieren (Abb. 4–5).

Kaninchenleber mit Lauch in Blätterteig

Für 4 Personen

Zutaten

6 Kaninchenlebern
1 Stange Lauch
1 Schalotte
1 TL gehackter Thymian
200 g Blätterteig (TK)
1 Eigelb
1/8 l Schlagsahne
40 g Butter
2 EL Gemüsefond
(s. Grundrezept S. 192)
Salz, Pfeffer aus der Mühle

Vorbereitung

– kann bereits morgens zubereitet werden –

Blätterteig ausrollen und in 12 cm lange und 8 cm breite Streifen schneiden. › Den Blätterteig mit Eigelb bepinseln und mit einer Gabel ein Muster einritzen. › Den Teig bei 180 °C ca. 20 Minuten backen.

Den weißen Teil des Lauches länglich vierteln und waschen. Evtl. harte Teile der Stange entfernen. › Lauch in 1 cm große Stücke schneiden (Abb. 1). › Die grünen Blätter des Lauchs in feine Streifen schneiden und beiseite stellen. › Schalotte fein hacken.

Zubereitung

Leber in Streifen schneiden und würzen (Abb. 2).

In 40 g Butter Schalotte und Porree andünsten. › Nach ca. 3 Minuten die Leber dazugeben und kurz anbraten (Abb. 3). › Die Butter aus der Pfanne abschöpfen. › Pfanne mit dem Fond ablöschen und Sahne hinzufügen (Abb. 4). Jetzt ca. 6 Minuten einkochen. › Den grünen Lauch hinzugeben und nochmals 2 Minuten einkochen. › Thymian zugeben und nachwürzen (Abb. 5).

Blätterteig nochmals aufwärmen.

Blätterteig horizontal in 2 Teile schneiden. › Die Unterhälfte des Blätterteigs auf die Teller geben. › Sauce mit der Leber und Gemüse auf der unteren Hälfte verteilen und die zweite Hälfte des Blätterteigs oben auflegen und servieren.

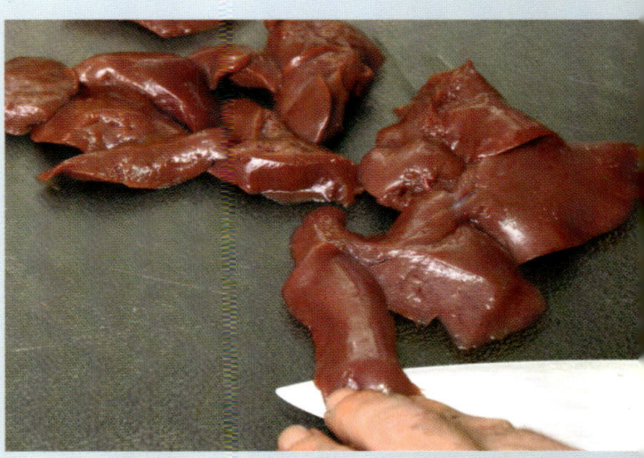

Stubenküken mit Sauce Béarnaise

Für 4 Personen

Zutaten

4 Stubenküken
100 ml Weißweinessig
100 ml Weißwein trocken
2 Schalotten
2 Eigelb
2 EL gehackter Estragon
1 EL gehackter Kerbel
150 g Butter
Salz, Pfeffer aus der Mühle

Beilagenempfehlung:
Kaiserschoten oder Gemüsepotpourri

Für das Gemüsepotpourri:
100 g Erbsen, 100 g geschälte, dicke Bohnen, 100 g feine grüne Bohnen, 1 EL gehackter Schnittlauch, 1 EL gezupfter Estragon, 1 EL gehackter Kerbel, 1 EL Tomatenconcassee (s. Grundrezept S. 208)

Vorbereitung

Gemüsepotpourri:
– kann bereits morgens zubereitet werden –

Das Gemüse einzeln in kochendem Wasser blanchieren: 3 – 4 Minuten für die Bohnen (vorher säubern), 1 – 2 Minuten für Erbsen und dicke Bohnen.

In Eiswasser abschrecken. › Die feinen Bohnen in drei Teile schneiden.

Das Ganze in Butter schwenken, mit Salz und Pfeffer würzen.

Zubereitung

Schalotten schälen und hacken. › 2 EL gehackten Estragon und 1 EL gehackten Kerbel bereithalten.

Stubenküken waschen, mit Salz u. Pfeffer würzen und im vorgeheizten Backofen für ca. 15 Minuten bei 180 °C garen (bis kein Blut mehr aus den Öffnungen austritt) (Abb. 1).

Schalotten, Essig, Weißwein, 1 EL Estragon, Salz und Pfeffer in einen Topf geben und zu 2/3 einkochen lassen. › Das Ganze in eine Schüssel geben. › 2 Eigelb hinzufügen und im Wasserbad (nicht über 85 °C) hochschlagen, bis die Masse die Konsistenz einer Mayonnaise hat (Abb. 2). › Geschmolzene Butter langsam hinzugeben und weiter hochschlagen (Abb. 3 – 4). › Den restlichen Estragon sowie den Kerbel hinzugeben (Abb. 5), nachwürzen. Parallel das bereits vorbereitete Gemüse aufwärmen und Kräuter sowie Tomatenconcassee hinzugeben. › Die Küken auf den Tellern mit etwas Sauce und dem Gemüse anrichten, den Rest der Sauce in einer Sauciere darreichen.

Quarkmousse mit Limetten

Für 4 Personen

Zutaten

250 g Magerquark
4 Eigelb
3 Eiweiß
6 Limetten
100 g Zucker
4 EL weißer Portwein
4 EL Wasser
1/8 l Schlagsahne
5 Blatt Gelatine

Vanillesauce
(s. Grundrezept S. 210)

Vorbereitung

Vanillesauce:
– kann bereits morgens zubereitet werden –

Quarkmousse mit Limetten:
– muss bereits 1 Tag vorher zubereitet werden –

Gelatine in Wasser aufweichen (Abb. 1).

Portwein, Wasser und Zucker kurz aufkochen.

Saft von 2 Limetten und Eigelb hinzufügen.

Jetzt die Masse hochschlagen (Abb. 2).

Gelatine dazugeben und verrühren, bis sie geschmolzen ist.

Quark hinzufügen (Abb. 3). › Leicht stocken lassen. › Sahne steif schlagen. › Eiweiß hochschlagen (Abb. 4).

Nacheinander die Sahne und dann das Eiweiß unter die Masse heben (Abb. 5).

Portionsweise in Förmchen oder eine Schüssel füllen und im Kühlschrank stocken lassen.

Anrichten

Saft von 2 Limetten unter die Vanillesauce rühren.

Die übrigen Limetten filetieren (s. S. 25).

Mousse aus den Förmchen stürzen oder Nocken ausstechen und mit der Sauce servieren. › Limettenfilets in die Sauce legen.

Salat mit Kaninchen

Hummer in Blätterteig

Täubchen mit Spätburgunder

Orangenfilets mit Cointreau
und
Eischnee

Weinempfehlung: s. Seite 214

Salat mit Kaninchen

Für 4 Personen

Zutaten

2 Kaninchenrücken
1 Kopfsalat
1 Lollo Rosso
12 Stangen Spargel
12 Kirschtomaten
12 Minzeblätter
12 Basilikumblätter
2 EL Vinaigrette
(s. Grundrezept S. 211)
2 EL Gemüsefond
(s. Grundrezept S. 192)

Öl zum Braten
Salz, Pfeffer aus der Mühle

Vorbereitung

Spargel:
– kann bereits morgens zubereitet werden –

Spargel gut schälen und das untere Ende (ca. 3 cm) entfernen. › Die Spargelstangen auf eine gleiche Länge schneiden und portionsweise mit Küchengarn zusammenbinden.

In einem Topf 1 l Wasser mit Salz, 1 Prise Zucker und dem Saft einer 1/2 Zitrone aufkochen. › Den Spargel hineinlegen (Abb. 1) und ca. 13 Minuten langsam kochen, herausnehmen und kalt abspülen.

Die Spargelstangen in 3 gleich große Stücke schneiden und beiseite stellen.

Zubereitung

Salat putzen und beiseite stellen. › Kirschtomaten halbieren und beiseite stellen.

Kaninchenrücken auslösen, enthäuten und würzen (Abb. 2). › Öl in der Pfanne erhitzen und Kaninchenrücken ca. 2 Minuten von beiden Seiten anbraten (Abb. 3).

Das Öl aus der Pfanne entfernen. Die Pfanne mit dem Gemüsefond ablöschen, aufkochen und die Hälfte der Vinaigrette hinzufügen.

Salat, Kirschtomaten, Spargel, Minze und Basilikum mit der restlichen Vinaigrette vermengen und auf den Tellern anrichten.

Kaninchenrücken in dicke Scheiben schneiden, mit dem Pfannensud beträufeln und auf dem Salat anrichten (Abb. 4).

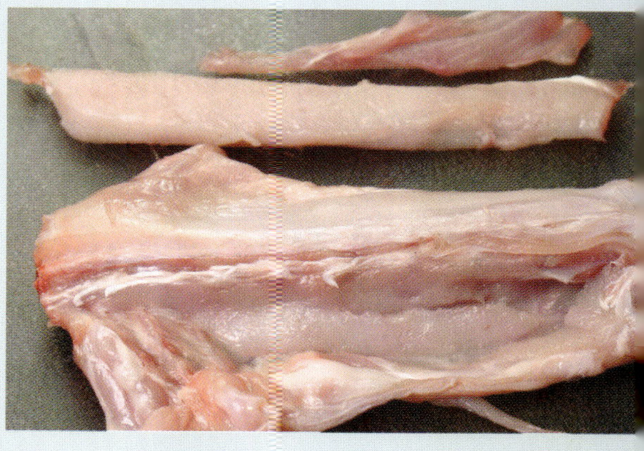

Hummer in Blätterteig

Für 4 Personen

Zutaten

2 Hummer (s. S. 12)
2 dicke Möhren o. 4 kleine Möhren
200 g Blätterteig (TK)
1 Eigelb
1/8 l Schlagsahne
125 g Butter
1/4 l Gemüsefond (wenn Sie sich trauen, 1/8 l Hummerfond) (s. Grundrezepte S. 192 u. S. 194)
1/8 l Sherry medium
1 Schalotte
Zucker
Öl zum Braten
Salz, Pfeffer aus der Mühle

Vorbereitung

Blätterteig:
– kann bereits morgens zubereitet werden –
Blätterteig ausrollen und in 12 cm lange und 8 cm breite Streifen schneiden. › Die Blätterteigstücke mit Eigelb bepinseln und mit einer Gabel ein Muster einritzen (Abb. 1). › Ca. 20 Minuten bei 180 °C backen.

Hummer:
– kann bereits morgens zubereitet werden –
Den Hummer in kochendem Wasser abkochen. › Den Hummer halbieren. Schwanz und Schere auslösen (Abb. 2). Den Rogen in einer kleinen Schüssel aufbewahren und alles beiseite stellen. › Möhren schälen und in Stifte schneiden.

Zubereitung

Möhren:
Möhren in Butter schwenken und mit 1 Prise Salz und 1 TL Zucker würzen (Abb. 3). › Mit etwas Gemüsefond übergießen (so dass die Möhren knapp bedeckt sind). › Einköcheln lassen, bis die Flüssigkeit verdampft ist und beiseite stellen.

Sauce:
1/4 l Gemüsefond oder 1/8 l Hummerfond zur Hälfte einkochen. › Sherry hinzufügen, einköcheln und Sahne dazugeben. › So lange einkochen, bis die Sauce sämig ist, den Rest der Butter und den Rogen in die Sauce geben und das Ganze stark mixen und nachwürzen (Abb. 4).

Anrichten

Den Blätterteig aufwärmen und horizontal in 2 Hälften schneiden. › Hummer und Möhren in der Sauce aufwärmen. › Die untere Hälfte des Blätterteigs auf die Teller legen. Sauce mit Hummer und Möhren darauf verteilen (Abb. 5) und die 2. Hälfte des Blätterteigs auflegen.

Täubchen mit Spätburgunder

Für 4 Personen

Zutaten

- 4 Tauben
- 1 Zwiebel
- 1 TL Tomatenmark
- 1/4 l Rotwein Spätburgunder
- 1/4 l Geflügelfond oder Gemüsefond (s. Grundrezept S. 192)
- 2 Tomaten für Tomatenconcassee (s. Grundrezept S. 208)
- 1 TL gehackter Thymian
- 1 TL gehackter Schnittlauch
- 1 TL gehackter Estragon
- 220 g dicke Bohnen oder Erbsen, geschält (muss nicht sein)
- 100 g Butter
- Öl zum Braten
- Salz, Pfeffer aus der Mühle

Zubereitung

Tauben würzen und kurz anbraten (Abb. 1).

Mit den gehackten Zwiebeln und einigen Flocken Butter im vorgeheizten Backofen bei 200 °C 10 Minuten braten.

Tauben herausnehmen, Brust und Keule lösen und warm halten (Abb. 2–3).

Karkasse zerkleinern und in der Kasserolle mit Tomatenmark anbraten.

Mit dem Fond löschen und bis zur Hälfte einkochen (Abb. 4).

Rotwein hinzugeben und wieder bis zur Hälfte einkochen (Abb. 5).

Das Ganze durch ein Sieb passieren.

Sauce mit Butter aufschlagen und nachwürzen.

Bohnen bzw. Erbsen kurz blanchieren, in etwas Butter schwenken, Kräuter und Tomatenconcassee hinzufügen und abschmecken.

Anrichten

Die Tauben auf den Tellern anrichten, Gemüse dazugeben und die Sauce großzügig verteilen.

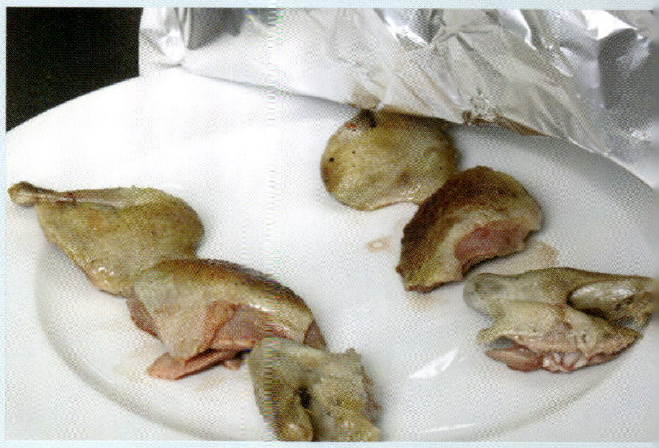

Orangenfilets mit Cointreau und Eischnee

Für 4 Personen

Zutaten

6 Orangen
4 Eier
1/8 l Schlagsahne
175 g Zucker
Cointreau
1/4 l Portwein
1 Prise Salz

Tipp: Probieren Sie beim Kochen immer selbst mit. Jeder hat einen anderen Geschmack, und der sollte stets wegweisend sein.

Zubereitung

Orangen schälen und in Filets schneiden (Abb. 1–2).

Filets mit Cointreau begießen und beiseite stellen.

Eigelb vom Eiweiß trennen.

Eiweiß mit einer Prise Salz hochschlagen.

100 g Zucker hinzufügen und unterheben.

Mit einem Esslöffel Eischneeknödel formen und in warmem Wasser bei 80 °C garen (Abb. 3).

Eigelb, Portwein und 75 g Zucker zu einer steifen Zabaione hochschlagen (Abb. 4).

Sahne steif schlagen.

Sahne unter die Zabaione heben (Abb. 5).

Etwas Cointreau hinzufügen.

Orangenfilets auf den Tellern anrichten.

Eischnee auf die Filets legen.

3 EL Zabaione-Creme auf das Ganze geben.

Salat mit Fisch
und
Schalentieren in Safran-Vinaigrette

Nudeln mit Spargel in Trüffelsauce

Entenbrust mit Himbeeressig-Sauce

Kräutereisparfait
mit
Wildhonigzabaione

Weinempfehlung: s. Seite 214-215

Salat mit Fisch und Schalentieren in Safran-Vinaigrette

Für 4 Personen

Zutaten

120 g Loup de mer
120 g Doradenfilet
120 g Rotbarbenfilet
8 Langoustinen bzw.
Gambas von der Größe 8/12er
2 Tomaten
Salat der Saison
2 Messerspitzen
Safranpulver

Olivenöl
16 EL Vinaigrette
(s. Grundrezept S. 211)
Salz, Pfeffer aus der Mühle

Vorbereitung

– kann bereits morgens zubereitet werden –

Salat putzen, Blätter zupfen und in den Kühlschrank stellen.

Tomaten brühen und schälen (s. Grundrezept S. 208) und in 6 Teile schneiden.

Tomaten entkernen und im Kühlschrank aufbewahren.

Zubereitung

Safran in die Vinaigrette geben und verrühren.

Salat und Tomatenzungen mit der Hälfte der Vinaigrette anmachen.

Salat auf Tellern anrichten.

Fischfilets und Langoustinen bzw. Gambas in Olivenöl anbraten (Abb. 1 – 2).

Fisch und Langoustinen bzw. Gambas aus der Pfanne herausnehmen.

Pfanne mit dem Rest der Vinaigrette löschen.

Fisch auf den Salat geben und mit der Vinaigrette aus der Pfanne begießen (Abb. 3).

Nudeln mit Spargel in Trüffelsauce

Für 4 Personen

Zutaten

500 g weißer Spargel
5 El Noilly-Prat (frz. Wermut)
200 ml Schlagsahne
40 g Schalotten
30 g Butter
frisch geriebener Muskat
3 EL Trüffelöl
300 g Nudeln
1 frischer Sommertrüffel
2 EL gehackter Kerbel

1 Prise Zucker
1/2 Zitrone
20 g Butter
Salz, Pfeffer aus der Mühle

Vorbereitung

Spargel:
– kann bereits morgens zubereitet werden –

Spargel gut schälen und das untere Stück (ca. 3 cm) abschneiden. › Die Spargelstangen auf das gleiche Maß schneiden und mit Küchengarn binden.

Topf mit 1 l Wasser aufsetzen und mit Salz, 1 Prise Zucker und dem Saft einer ½ Zitrone kochen. › Die Spargelstangen hineinlegen (Abb. 1) und ca. 13 Minuten langsam kochen, herausnehmen und mit kaltem Wasser abspülen.

Spargel in 2 cm große Stücke schneiden und in den Kühlschrank legen.

Zubereitung

Sauce und Nudeln:
Schalotten sehr fein gehackt in einem Topf in heißer Butter und etwas Trüffelöl andünsten (Abb. 2–3). › Mit Noilly-Prat ablöschen, ⅛ l Spargelwasser und Sahne hinzufügen (Abb. 4), offen bei mittlerer Hitze ca. 18 Minuten sämig einkochen lassen. › Trüffelöl dazugeben, mit Salz, Pfeffer und Muskat abschmecken und nochmals 2 Minuten einkochen und mixen. › Spargel hinzufügen und heiß beiseite stellen.

Nudeln al dente garen, abgießen und tropfnass zum Spargel geben. Gut umschichten und ggf. nochmals erhitzen.

Sofort auf Tellern anrichten, mit Kerbel bestreuen und zum Dekorieren Trüffelscheiben darüberhobeln.

Entenbrust mit Himbeeressig-Sauce

Für 4 Personen

Zutaten

4 Entenbrüste (Challand- oder Barbarie-Weibchen)
8 EL Entenfond oder Gemüsefond (s. Grundrezept S. 192)
24 Himbeeren
2 TL Himbeerlikör
4 EL Himbeeressig
8 EL roter Portwein
125 g Butter

Öl zum Braten
Salz, Pfeffer aus der Mühle

Beilagenempfehlung: Rotkohl (s. Grundrezept S. 206)

Vorbereitung

Rotkohl:
– kann bereits morgens oder 1 Tag vorher zubereitet werden –

Zubereitung

Entenbrüste auf beiden Seiten würzen.

Etwas Öl in eine Pfanne geben und die Entenbrüste auf der Hautseite stark anbraten (Abb. 1 – 2). › Das Öl aus der Pfanne entfernen.

Die Entenbrüste umdrehen und 12 Minuten bei 210 °C im vorgeheizten Backofen garen.

Die Entenbrüste herausnehmen und in Alufolie eingewickelt 10 Minuten ruhen lassen.

Das Fett aus der Pfanne entfernen. › Himbeerlikör, Himbeeressig, Portwein und Fond in die Pfanne geben (Abb. 3 – 4). › Das Ganze auf die Hälfte Flüssigkeit einkochen.

Den Saft von den ruhenden Entenbrüsten dazugießen (Abb. 5). › Die Flüssigkeit nochmals aufkochen und die Sauce mit Butterflocken binden. › Die Himbeeren hinzugeben und mit Salz und Pfeffer nachwürzen.

Die Entenbrüste kurz im Backofen aufwärmen. › Rotkohl aufwärmen und heiß beiseite stellen. › Die Entenbrüste in Fächer schneiden und nachwürzen. › Einen Saucenspiegel auf die Teller gießen und die Entenbrüste hineinlegen.

Kräutereisparfait mit Wildhonigzabaione

Für 4 Personen

Zutaten

1/8 l Vanillesauce
(s. Grundrezept S. 210)
1/8 l Schlagsahne
2 EL gehackte Minze
1 EL gehackter Salbei
1 EL gehackter Estragon
1 EL gehackte Zitronenmelisse
1 EL gehacktes Basilikum
4 EL Kräuterlikör (Chartreuse)
12 Blätter Estragon
12 Blätter Salbei
16 Blätter Minze
12 Blätter Basilikum
100 ml Wasser
100 g Zucker

Sauce:
3 EL Weißwein, 2 EL Wasser,
1 EL Wildhonig, 2 Eigelb

Vorbereitung

Kräutereisparfait:
– muss bereits 1 Tag vorher zubereitet werden –

Die gehackten Kräuter (Abb. 1) mit Kräuterlikör mixen (Abb. 2). › Das Ganze in die Vanillesauce geben (Abb. 3). › Sahne steif schlagen und unter diese Masse heben (Abb. 4). › Anschließend in Förmchen füllen und in das Gefrierfach stellen.

Zubereitung

Zucker und Wasser ca. 5 Minuten aufkochen und erkalten lassen. › Die Minze-, Salbei- und Basilikumblätter in das erkaltete Zuckerwasser geben. › Nach 1 – 2 Minuten die Kräuterblätter herausnehmen und trocknen lassen.

Sauce:
Wasser, Weißwein und Honig in einem Topf kurz aufkochen und etwas erkalten lassen. › Eigelb dazugeben und auf kleiner Flamme die Zabaione hochschlagen (Abb. 5).

Anrichten

Kräutereisparfait auf die Teller stürzen. › Nach ca. 15 Minuten die warme Zabaione auf den Tellern verteilen und mit den Kräuterblättern dekorativ anrichten.

Spargelspitzen mit Jacobsmuscheln

Loup de mer in Paprikasauce

Maispoulardenbrust in Essigsauce

Crêpes gefüllt mit Schokoladenmousse
und Vanillesauce

Weinempfehlung: s. Seite 215

Spargelspitzen mit Jacobsmuscheln

Für 4 Personen

Zutaten

20 Jacobsmuscheln ohne Rogen
Sonnenblumenöl zum Braten
20 Stangen Spargel
Zucker
20 Trüffelscheiben

Trüffelmayonnaise:
(Zubereitung s. Grundrezept S. 209)
2 Eigelb
1 1/2 EL Weißwein
1/2 El Noilly-Prat (frz. Wermut)
480 ml Sonnenblumenöl
20 ml Trüffelöl, etwas Senf
Saft von 1/2 Zitrone
2 EL Spargelbrühe
1 Schuss Balsamicoessig
Salz, Pfeffer aus der Mühle

Vorbereitung

Spargel:
– kann bereits morgens zubereitet werden –

Spargel gut schälen und von unterem Teil 3 cm abschneiden. › Spargelstangen auf das gleiche Maß schneiden und mit Küchengarn oben und unten zusammenbinden.

Topf mit 1 l Wasser, Salz, 1 Prise Zucker und dem Saft einer 1/2 Zitrone aufkochen.

Den Spargel hineinlegen (Abb. 1) und ca. 13 Minuten langsam kochen, herausnehmen und mit kaltem Wasser abspülen.

Den Spargel in den Kühlschrank legen und den Spargelsud im Topf beiseite stellen.

Trüffelmayonnaise:
– kann bereits morgens zubereitet werden –

Zubereitung

Spargelsud aufkochen, den Spargel hineinlegen und beiseite stellen.

Jacobsmuscheln waschen, trocken tupfen, salzen, pfeffern und in Sonnenblumenöl 2–3 Minuten anbraten (Abb. 2).

Spargel aus dem Topf nehmen, abtropfen lassen und auf den Tellern verteilen.

Jacobsmuscheln auf die Teller geben. › Mayonnaise großzügig auf den Tellern verteilen. › Trüffelscheiben auf die Jacobsmuscheln legen (Abb. 3).

Loup de mer in Paprikasauce

Für 4 Personen

Zutaten

4 Loup-de-mer-Filets à 140 g
1 rote Paprika
1/2 grüne Paprika
1/2 gelbe Paprika
150 ml Sherry medium
1/4 l Gemüsefond
(s. Grundrezept S. 192)
1/4 l Schlagsahne
100 g Butter
1 EL mildes Paprikapulver

Öl zum Braten
Salz, Pfeffer aus der Mühle

Zubereitung

Loup de mer von Haut und restlichen Gräten befreien (Abb. 1 – 2).

Paprikaschoten waschen, schälen, halbieren und entkernen.

Die Hälfte der roten Paprika zerschneiden und zusammen mit dem Sherry und dem Gemüsefond in einem Topf zur Hälfte einkochen.

Die restliche Paprika in sehr kleine Würfel schneiden (Abb. 3).

Nun Paprikapulver (Abb. 4) und Sahne in die Sauce geben. Einkochen lassen, bis die Sauce sämig ist.

Butterflocken unter ständigem Rühren mit einem Schneebesen hinzufügen.

Die Sauce mixen und durch ein Sieb passieren.

Die restlichen kleinen Paprikastücke in die Sauce geben und warm halten (Abb 5).

Den Loup de mer von beiden Seiten würzen und von beiden Seiten ca. 1 Minute braten.

Die Sauce noch einmal aufkochen.

Den Fisch aus der Pfanne holen, mit Küchenpapier abtupfen und auf den Tellern verteilen.

Mit der Sauce das Gericht komplettieren.

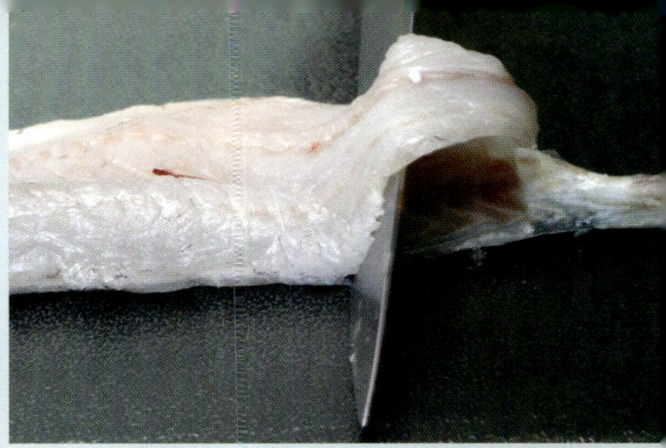

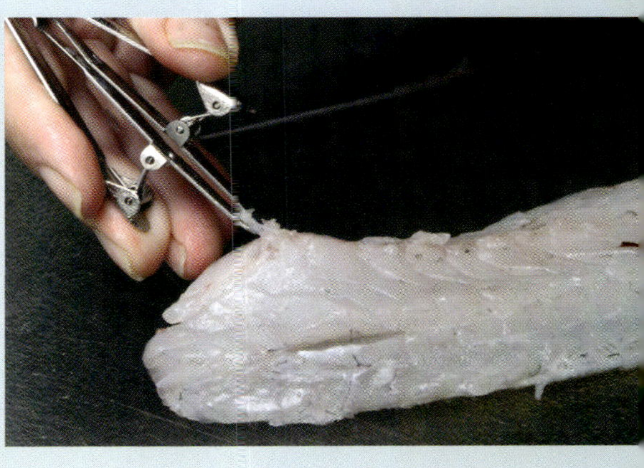

Maispoulardenbrust in Essigsauce

Für 4 Personen

Zutaten

4 Maispoulardenbrüste
mit Flügeln
200 g Nudeln
60 g Butter
2 Schalotten
1 Möhre
2 EL gehackter Estragon
100 ml Estragonessig
1 TL Tomatenmark
1/8 l Gemüsefond
(s. Grundrezept S. 192)
1 Zwiebel, 3 Knoblauchzehen
1 1/2 TL Mehl, 1 TL Senf
250 g Crème fraîche
2 Tomaten für Tomatenconcassee (s. Grundrezept S. 208)
Öl zum Braten
Salz, Pfeffer aus der Mühle

Vorbereitung

Essigsauce:
– kann bereits morgens zubereitet werden –

20 g Butter im Topf zerlassen, fein gehackte Zwiebel, Möhre, Knoblauchzehen und Schalotten dazugeben und bei geringer Hitze ca. 10 Minuten anschmoren. › Tomatenmark, Mehl und Senf dazugeben, einrühren und mit Estragonessig ablöschen (Abb. 1 – 2). › Weitere 3 Minuten schmoren lassen. › Den Gemüsefond dazugeben und weitere 8 Minuten einkochen. › Crème fraîche hineingeben und so lange einkochen, bis die Sauce cremig ist (Abb. 3). › Die Sauce durch ein Sieb passieren, mit Salz und Pfeffer abschmecken und beiseite stellen.

Zubereitung

Poularde: Die Maispoulardenbrüste mit Salz und Pfeffer würzen und auf der Hautseite im Topf mit heißem Fett knusprig anbraten. Kurz wenden und wieder auf die Hautseite legen. › Für etwa 8 – 10 Minuten bei 180 ° – 200 °C in den vorgeheizten Backofen schieben. › Wenn Sie mit dem Finger auf das Fleisch drücken und eine feste Spannung spüren, den Topf aus dem Ofen nehmen und abgedeckt ruhen lassen, damit sich das Fleisch wieder entspannt.

Nudeln: Nudeln in Salzwasser abkochen, abgießen, in der restlichen Butter schwenken, etwas salzen und warm stellen.

Anrichten

Die Sauce erneut erhitzen und Tomatenconcassee sowie Estragon hinzufügen. › Poulardenbrust und Nudeln auf den Tellern anrichten und das Fleisch mit reichlich Sauce umgießen.

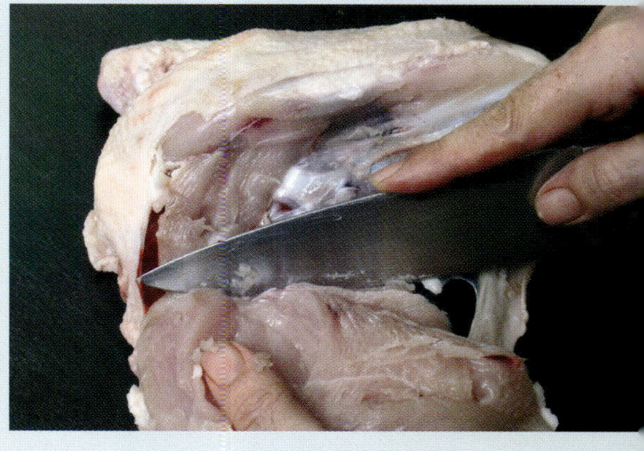

Crêpes gefüllt mit Schokoladenmousse und Vanillesauce

Für 4 Personen

Zutaten

Crêpes:
125 g Mehl
2 Eier
1/4 l Milch
30 g Butter
1 EL Rum
1 TL Zucker
1 kleine Mokkatasse Kaffee
Öl zum Backen, 1 Prise Salz

Mousse au Chocolat
(s. Grundrezept S. 200)
Vanillesauce
(s. Grundrezept S. 210)

Vorbereitung

Mousse au Chocolat (Abb. 1 – 3):
– muss mindestens 1 Tag vorher zubereitet werden –

Vanillesauce:
– kann bereits morgens zubereitet werden –

Zubereitung

Kaffee, Milch, Eier, Salz, Zucker und Rum in eine Schüssel geben und kräftig rühren.

Schrittweise Mehl dazugeben und mit einem Schneebesen kräftig verrühren.

Butter schmelzen und dazugeben.

Das Ganze 1 Stunde ruhen lassen.

Crêpes in einer Pfanne mit wenig Öl ausbacken.

Crêpes mit der Mousse füllen (Abb. 4 – 5).

Anrichten

Crêpes in V-Form auf die Teller legen und die Vanillesauce in diese V-Form gießen.

Feldsalat mit Krabben

Seezungenfilets mit Schnittlauchsauce und Tomaten

Kalbskotelett mit Spargel und Morcheln

Himbeereissoufflé
mit
warmer Vanille-Himbeergeist-Sauce

Weinempfehlung: s. Seite 215

Feldsalat mit Krabben

Für 4 Personen

Zutaten

400 g gepulte Krabben
400 g Feldsalat
16 Kirschtomaten (geschält)
60 g frisch gekochte Salzkartoffeln
2 EL Champagneressig
frisch geriebener Muskat
1 Messerspitze Majoran
1/4 l Schlagsahne, 1 EL Olivenöl
2 kleine Schalotten
2 EL Hühnerfond
Salz, Pfeffer aus der Mühle

Passionsfrucht-Curry-Mayonnaise:
2 EL Passionsfruchtsaft, 3 g Currypaste, 1 TL Senf mittelscharf, 3 Eigelb, 1/4 l Sonnenblumenöl, Salz, Cayennepfeffer

Tipp: Krabben schon morgens aus dem Kühlschrank holen, wenn sie abends serviert werden. Auf Zimmertemperatur angewärmt, schmecken sie am besten.

Vorbereitung

Kartoffeldressing:
– kann bereits morgens zubereitet werden –

Kartoffeln gar kochen. › Die frisch gekochten Kartoffeln mit Fond, Champagneressig, Muskat und Majoran mixen und beiseite stellen. › Öl in einer Pfanne erhitzen, Schalotten glasig dünsten und anschließend in einem Sieb abtropfen lassen. › Gekühlte Schalotten mit der Sahne vermischen und in das Kartoffeldressing rühren. › Mit Salz und Pfeffer, und je nach Geschmack, mit etwas Champagneressig abschmecken.

Mayonnaise:
– kann bereits morgens zubereitet werden –

Eigelb und Senf mit dem Scheebesen aufschlagen und das Öl tropfenweise dazugeben, bis es eine gleichmäßige Sauce wird (Abb. 1). › Den Passionsfruchtsaft unterrühren (Abb. 2). › Die Currypaste hinzugeben (Abb. 3) und das Ganze nochmals sehr gut verrühren.

Anrichten

Kirschtomaten abbrühen (s. Grundrezept S. 208) (Abb. 4 – 5).

Salat putzen und waschen. › Salat mit Kartoffeldressing gut vermischen und auf die Teller geben. Krabben und Mayonnaise um den Salat herum verteilen. › Mit Kirschtomaten garnieren.

Seezungenfilets mit Schnittlauchsauce und Tomaten

Für 4 Personen

Zutaten

2 Seezungen à 500 g
1/8 l Fischfond oder Gemüsefond
(s. Grundrezept S. 192)
100 ml Weißwein
100 ml Sherry medium
1/8 l Schlagsahne
70 g + 20 g Butter
4 EL Tomatenconcassee
(s. Grundrezept S. 208)
4 EL feingehackter Schnittlauch
Öl zum Braten
Salz, Pfeffer aus der Mühle

Vorbereitung

– kann bereits morgens zubereitet werden –

Seezungen filetieren und die Filets in den Kühlschrank stellen.

4 EL Tomatenconcassee vorbereiten und im Kühlschrank aufbewahren.

Zubereitung

Fond, Weißwein, Sherry in einen Topf geben. (Abb. 1).

Zur Hälfte einkochen.

Sahne dazugeben und einkochen, bis es sämig ist.

Sauce mit Butter aufschlagen.

Sauce nachwürzen.

Hälfte von Tomatenconcassee und Schnittlauch dazugeben (Abb. 2 – 3).

Die andere Hälfte der Tomaten und Schnittlauch in Butter schwenken und würzen (Abb. 4).

Seezungenfilets würzen und in Öl anbraten (Abb. 5).

Sauce aufkochen.

Seezungenfilets auf Küchenpapier abtupfen und anrichten.

Tomaten und Schnittlauch zwischen die beiden Filets geben. › Sauce ringsherum geben.

Kalbskotelett mit Spargel und Morcheln

Für 4 Personen

Zutaten

4 Kalbskoteletts à 220 g
12 Stangen Spargel, weiß
12 Stangen Spargel, grün
30 g getrocknete Morcheln
160 g Butter
4 Eigelb
2 Schalotten
200 ml Weißwein
4 Kartoffeln in Alufolie
Cayennepfeffer
Zucker
Öl zum Braten
Salz, Pfeffer aus der Mühle

Zubereitung

Morcheln in ⅛ l Wasser ca. 45 Minuten einweichen (Abb. 1) und 2 Minuten aufkochen.

Kartoffeln in Folie packen und im vorgeheizten Backofen 45 Minuten bei 180 °C garen.

Spargel schälen, mit Küchengarn zusammenbinden und auf eine Länge schneiden.

Butter zerlassen und beiseite stellen.

Die Schalotten schälen und fein hacken.

In einem Topf Weißwein, Morchelwasser, Schalotten, Salz und Pfeffer zur Hälfte einkochen und etwas erkalten lassen.

Den Spargel getrennt voneinander in reichlich Salzwasser mit 1 TL Zucker abkochen (weißer Spargel 13 Minuten und grüner Spargel 6 Minuten) (Abb. 2).

Die Kalbskoteletts mit Salz und Pfeffer würzen und in einer Pfanne von beiden Seiten 3–4 Minuten braten (Abb. 3). Die Kalbskoteletts beiseite stellen, abdecken und 5 Minuten ruhen lassen.

Eigelb in die Weißweinreduktion geben (Abb. 4) und bei kleiner Hitze hochschlagen (oder auch im Wasserbad hochschlagen) und die zerlassene Butter hinzugeben (Abb. 5).

Morcheln halbieren und in die Sauce Hollandaise geben.

Mit Salz und Cayennepfeffer nachwürzen.

Auf den Tellern anrichten.

Himbeereissoufflé mit warmer Vanille-Himbeergeist-Sauce

Für 4 Personen

Zutaten

80 g Himbeeren
1 EL Puderzucker
32 Himbeeren
(zum Garnieren)
4 Eigelb
4 EL Wasser mit 30 g Zucker
1 EL Himbeerlikör
1/8 l Vanillesauce
(s. Grundrezept S. 210)

1/8 l Schlagsahne
4 EL Himbeergeist

Vorbereitung

Himbeereissoufflé:
– muss bereits 1 – 2 Tage vorher zubereitet werden –

80 g Himbeeren mit Puderzucker mixen (Abb. 1).

Himbeermasse durch ein Sieb drücken (Abb. 2).

4 Eigelb mit Zuckerwasser und dem Himbeerlikör wie eine Zabaione aufschlagen (Abb. 3).

Erkalten lassen.

Himbeermasse unterziehen (Abb. 4).

Geschlagene Sahne unterheben (Abb. 5).

Die Masse in eine Form füllen und in das Gefrierfach stellen.

Vanillesauce:
– kann bereits morgens zubereitet werden –

Zubereitung

Die Vanillesauce mit dem Himbeergeist mischen.

Das Eissoufflé ca. 20 Minuten vor dem Anrichten aus der Kühltruhe herausnehmen.

Anrichten

Das Eissoufflé auf den Tellern anrichten.

Himbeeren dazugeben und mit der Sauce zieren.

Aalmousse mit Salat

Zitrusfrucht-Knoblauchsuppe mit Gambas

Perlhuhnbrust Albufera

Gratin von Erdbeeren

Weinempfehlung: s. Seite 215

Aalmousse mit Salat

Für 4 Personen

Zutaten

1 Limette
600 g geräucherter Aal
$^3/_8$ l Schlagsahne
$^1/_8$ l Gemüsefond
(s. Grundrezept S. 192)
4 Blatt Gelatine oder
8 halbe Blätter
100 g Feldsalat
1 Kopfsalat
12 Kirschtomaten
4 EL Vinaigrette
(s. Grundrezept S. 211)
Salz, Pfeffer aus der Mühle

Vorbereitung

Aalmousse:
– muss bereits 1 Tag vorher zubereitet werden –

600 g Aal von Haut und Gräten befreien.

250 g geräucherten Aal im Gemüsefond gut 5 Minuten kochen (Abb. 1 – 2).

Gelatine im kalten Wasser aufweichen.

Die Gelatine in den Gemüsefond geben und auflösen lassen (Abb. 3).

Das Ganze mixen, bis es glatt ist (Abb. 4) und die Sahne hinzufügen (Abb. 5).

Nochmals durchmixen. Salzen und pfeffern.

In einer breiten Schüssel im Kühlschrank stocken lassen.

Zubereitung

Salat putzen. Vinaigrette zubereiten.

Salat und Kirschtomaten in einer Salatschüssel mit der Vinaigrette vermengen.

Salat in der Mitte der Teller anrichten.

Mit einem heißen Esslöffel (in heißes Wasser tauchen) die Aalmousse ausstechen und auf den Tellern anrichten.

Den restlichen Aal auf den Salat verteilen.

Einige Limettenfilets auf die Mousse legen (Limette filetieren s. S. 25).

Zitrusfrucht-Knoblauchsuppe mit Gambas

Für 4 Personen

Zutaten

10 Knoblauchzehen
1 Orange
2 Limetten
1 Zitrone
2 kleine Grapefruits
1/2 Chilischote sehr fein gehackt
Gambas von der Größe 8/12er
ohne Kopf und Schale
4 Schalotten
3 EL Olivenöl
1/4 l trockener Weißwein
3/4 l Gemüsefond
(s. Grundrezept S. 192)
1/4 l Schlagsahne
4 Blätter Koriander (gehackt)
2 TL Mehl, Safranpulver
1/2 TL Kurkumapulver
100 g Pinienkerne
12 Schaschlikspieße
Salz, Pfeffer aus der Mühle

Vorbereitung

Zitrusfrucht-Knoblauchsuppe:
– kann bereits morgens zubereitet werden –

1 Limette, 1 Orange und 1 Grapefruit filetieren (s. S. 25) und beiseite stellen. › Schalotten schälen und grob hacken. › Chilischote putzen, waschen und in sehr feine Würfel schneiden. › 60 g Pinienkerne ohne Fett anrösten u. beiseite stellen.

2 EL Olivenöl in einem Topf erhitzen. Schalotten, Chiliwürfel, 40 g ungeröstete Pinienkerne sowie den Knoblauch bei mittlerer Hitze 5 Minuten anbraten, Mehl hinzufügen und durchrühren, ohne dass es braun wird (Abb. 1 – 3).

Weißwein zugeben, auf die Hälfte einkochen und mit Gemüsefond wieder auffüllen (Abb. 4). › Saft von 1 Limette, 1 Zitrone und 1 Grapefruit zugeben und bei milder Hitze ca. 15 Minuten offen kochen lassen. › Sahne hinzufügen und bei mittlerer Hitze weitere 20 Minuten einkochen. Anschließend mixen.

Die Suppe durch ein Sieb passieren, Kurkuma und gehackten Koriander dazugeben, kurz aufkochen und abschmecken.

Zubereitung

1 EL Olivenöl in der Pfanne erhitzen. Die Gambas ohne Schale und Darm aufspießen, in Safranpulver wenden, salzen, pfeffern und von beiden Seiten 3 Minuten braten (Abb. 5).

Die Suppe auf den Tellern anrichten. Die Gambas platzieren und die gerösteten Pinienkerne sowie die Orangen-, Limetten- und Grapefruitfilets verteilen.

Perlhuhnbrust Albufera

Für 4 Personen

Zutaten

4 Perlhuhnbrüste mit Flügel
80 g Entenstopfleberterrine
1/8 l Gemüsefond
(s. Grundrezept S. 192)
1/8 l weißer Portwein
1/8 l Schlagsahne
1 Schalotte sehr fein gehackt
20 g und 80 g Butter
200 g Nudeln u. etwas Butter oder
4 Scheiben Polenta à 1 cm
(s. Grundrezept S. 202)
Öl zum Braten
Salz, Pfeffer aus der Mühle

Tipp: Nudeln einfach nur in Wasser und etwas Salz kochen. Gute Nudeln brauchen kein Öl. Falls sie später aufgewärmt werden, einfach Butter oder Brühe hinzugeben.

Zubereitung

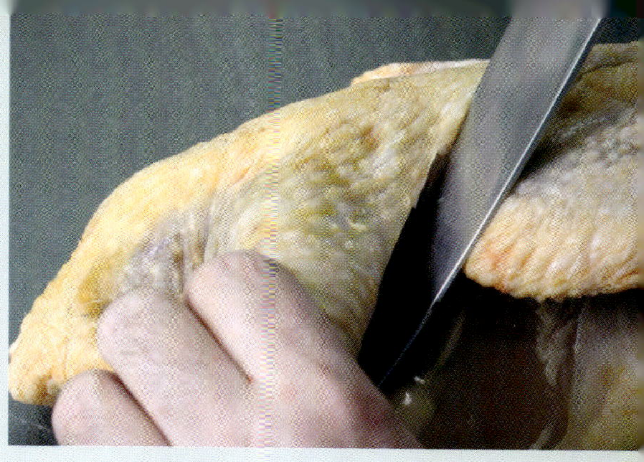

Die Brüste auslösen (Abb. 1), salzen, pfeffern und im vorgeheizten Backofen bei 180 °C 10 Minuten garen (Abb. 2).

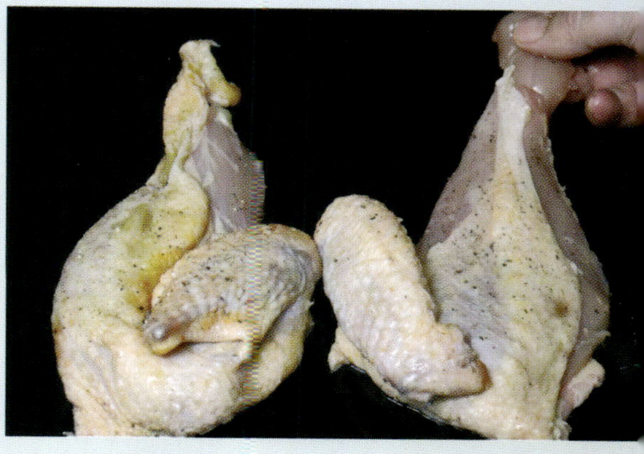

Schalotten in 20 g Butter anschwitzen.

Gemüsefond und Portwein dazugeben und 2 Minuten kochen lassen (Abb. 3).

Sahne dazugeben und zur Hälfte einkochen (Abb. 4).

Stopfleber dazugeben und 2 Minuten kochen lassen (Abb. 5).

Das Ganze mixen, 80 g Butter hinzufügen und nochmals mixen und würzen.

Die Sauce durch ein Sieb passieren und kurz aufwärmen.

Polenta-Schnitten anbraten oder Nudeln zubereiten und in Butter schwenken.

Anrichten

Sauce auf die Teller geben.

Perlhuhnbrust auf die Sauce legen.

Polenta-Schnitten oder Nudeln neben der Brust anrichten.

Gratin von Erdbeeren

Für 4 Personen

Zutaten

- 400 g Erdbeeren
- 4 Eigelb
- 2 EL Himbeerlikör
- 1/8 l weißer Portwein
- 60 g Zucker
- 100 ml Wasser

Tipp: Zu viele Köche verderben den Brei. Es kann immer nur einer der Chef in der Küche sein. Jede weitere Person sollte der Köchin oder dem Koch des Abends am besten nach dessen Instruktionen zuarbeiten. So haben es Jean Claude Bado und ich es auch, immer wieder abwechselnd, gemacht.

Zubereitung

Erdbeeren vom Grün befreien, waschen und halbieren.

Backofen mit Oberhitze auf 240 °C erwärmen.

Portwein mit 100 ml Wasser und Zucker aufkochen lassen.

Eigelb hinzugeben und wie eine Zabaione aufschlagen. Likör dazugeben (Abb. 1–4).

Die Erdbeeren auf die Teller geben.

Die Erdbeeren mit der Masse überdecken (Abb. 5).

Unter dem heißen Grill die Erdbeeren gratinieren.

Die heißen Teller servieren.

Rosa gebratene Rinderfiletscheiben
mit
Geflügellebermasse

Wachtelbrust auf Weißkohlsalat

Steinbutt mit Champignons
in
Hühnerbrühesauce

Warme Pfirsiche in Orangensauce

Weinempfehlung: s. Seite 217

Rosa gebratene Rinderfiletscheiben mit Geflügellebermousse

Für 4 Personen

Zutaten

2 Rinderfilets à 200 g
20 g Butterschmalz
Salz, Pfeffer aus der Mühle

Mousse:
320 g Hühnerleber
20 ml Cognac oder Weinbrand
oder Armagnac
40 ml roter Portwein
1/4 l Schlagsahne, 4 Blatt Gelatine
2 EL Sonnenblumenöl, 10 g Butter,
Salz, Pfeffer aus der Mühle

Kräutersauce:
1 Bund Kräuter: Kerbel, Sauerampfer, Brunnenkresse,
3 EL Geflügelfond, 60 ml Schlagsahne, 2 TL Zitronensaft,
1 Knoblauchzehe gepresst, Salz, Pfeffer aus der Mühle

Vorbereitung

Mousse von Hühnerleber:
– muss bereits 1 Tag vorher zubereitet werden –

Hühnerleber von sämtlichen Sehnen befreien. › Öl und 10 g Butter in einer Pfanne erhitzen und die Leber darin anbraten (Abb. 1). Mit Cognac und Portwein ablöschen. Die Flüssigkeit um die Hälfte einkochen lassen. › Die Flüssigkeit lauwarm zusammen mit der Leber und Gelatine in einen Mixer geben und gut durchmixen (Abb. 2). › Die Sahne dazugeben und nochmals ganz kurz aufmixen (Abb. 3). Das Ganze durch ein Sieb passieren, mit Salz und Pfeffer abschmecken u. in einer Schüssel abgedeckt in den Kühlschrank stellen.

Zubereitung

Rinderfilet:
Butterschmalz in einer Pfanne erhitzen und die Rinderfilets pro Seite 1 1/2 Minuten anbraten (Abb. 4). Salzen, pfeffern, aus der Pfanne nehmen und zugedeckt erkalten lassen.

Kräutersauce:
Geflügelfond, Sahne, Zitronensaft, Knoblauch mixen. Nun die Kräuter separat mixen, dazugeben und alles zusammen nochmals durchmixen. Mit Salz und Pfeffer abschmecken.

Anrichten

Rinderfilets in sehr dünne Scheiben schneiden (Abb. 5) und kreisförmig auf den Tellern anrichten. Die Kräutersauce ebenfalls außen verteilen. Die Mousse mit einem heißen Esslöffel ausstechen und jeweils in die Tellermitte legen. Dazu Baguette reichen.

Wachtelbrust auf Weißkohlsalat

Für 4 Personen

Zutaten

4 Wachteln
1/2 Weißkohl
8 Kirschtomaten
125 g Speck (Frühstücksspeck)
1/8 l Gemüsefond
(s. Grundrezept S. 192)
1/8 l Vinaigrette
(s. Grundrezept S. 211)
1/2 TL gehackter Thymian
Öl zum Braten
Salz, Pfeffer aus der Mühle

Vorbereitung

Weißkohlsalat:
– kann bereits morgens zubereitet werden –

Kohl vierteln, Mittelstrunk entfernen.

In Streifen schneiden (Abb. 1).

Speck in kleine Würfel schneiden.

In einem Topf mit heißem Öl Speck anschwitzen, Kohl hinzufügen (Abb. 2) und im abgedeckten Topf ca. 4 Minuten garen.

2 EL Vinaigrette aufheben, den Rest Vinaigrette zugeben (Abb. 3 – 4) und evtl. mit Salz und Pfeffer nachwürzen.

Den Topf vom Herd nehmen und beiseite stellen.

Zubereitung

Die Wachteln kurz anbraten, damit sie Farbe bekommen und dann im vorgeheizten Backofen bei 220 °C ca. 8 Minuten garen (Abb. 5).

Kohl leicht aufwärmen.

Wachteln lösen.

Den Kohl in die Mitte der Teller legen.

Wachteln auf den Kohl legen und mit etwas Vinaigrette das Fleisch benetzen.

Mit den Kirschtomaten dekorieren.

Steinbutt mit Champignons in Hühnerbrühesauce

Für 4 Personen

Zutaten

4 Steinbuttfilets à 150 g
700 g Champignons
2 Schalotten
100 g Butter
1/4 l Hühnerfond
1 EL Weißweinessig
Öl zum Braten
Salz, Pfeffer aus der Mühle

Tipp: Steinbutt ist der König der Fische. Kaufen Sie lieber die Filetstücke, wenn Sie mit dem Ausnehmen von Fischen nicht wirklich vertraut sind.

Zubereitung

Schalotten schälen und hacken.

Die Köpfe der Champignons in Scheiben schneiden.

Den Rest hacken.

Steinbutt würzen und auf der Hautseite kurz anbraten (Abb. 1).

Champignonscheiben würzen und halb in Öl und halb in Butter anbraten (Abb. 2).

Champignonscheiben auf der gebratenen Seite des Steinbuttfilets anrichten (Abb. 3).

Gehackte Champignons und Schalotten in Öl kross anbraten.

Das Ganze mit dem Essig und dem Fond löschen (Abb. 4).

Steinbutt in den Fond legen und ca. 6 Minuten im vorgeheizten Backofen bei 180 °C garen lassen (Abb. 5).

Steinbutt aus der Pfanne nehmen und warm halten.

Sauce passieren, gegebenenfalls noch etwas einkochen lassen.

Sauce mit der Butter aufschlagen und nachwürzen.

Steinbuttfilets auf die Teller geben und die Sauce kreisförmig dekorieren.

Warme Pfirsiche in Orangensauce

Für 4 Personen

Zutaten

4 Pfirsiche
Saft von 2 Orangen
Saft von 1 Zitrone
2 EL Zucker
30 g Butter
30 g geröstete Mandeln
50 ml Cointreau
50 ml Grand Marnier
50 ml Cognac

Tipp: Kann sehr gut in Kombination mit Eis serviert werden.

Zubereitung

Pfirsiche schälen, halbieren und die Kerne entfernen.

Butter und Zucker in eine Pfanne geben (Abb. 1).

Zucker karamellisieren lassen.

Mit dem Orangensaft und Zitronensaft löschen (Abb. 2).

Karamell schmelzen lassen.

Likör und Cognac hinzugeben (Abb. 3–4) und um 1/3 einköcheln lassen.

Die Pfirsichhälften in die Pfanne legen (3 Minuten) und mit der Sauce aus der Pfanne begießen (Abb. 5).

Die Pfirsiche auf die Teller legen (jeweils 2 Hälften) und mit der Sauce anrichten.

Geröstete Mandeln darüber streuen.

Wildlachs Jungfrauen-Art

Stopfleber mit Chicorée

Kaninchen in Balsamico

Beerensüppchen
mit
Vanilleparfait

Weinempfehlung: s. Seite 217

Wildlachs Jungfrauen-Art

Für 4 Personen

Zutaten

4 Lachsscheiben à 140 g
1/8 l sehr gutes Olivenöl
4 TL Fleur de Sel de Guérande
2 Tomaten für Tomatenconcassee
(s. Grundrezept S. 208)
1 EL gehackte Petersilie
1 EL Estragonblätter
1 EL fein geschnittener Schnittlauch
1 EL gehackter Kerbel
1 EL gehacktes Basilikum
1 TL gehackter Thymian

Öl zum Braten
Salz, Pfeffer aus der Mühle

Zubereitung

1 EL gehackte Petersilie
1 EL Estragonblätter
1 EL fein geschnittener Schnittlauch
1 EL gehackter Kerbel
1 EL gehacktes Basilikum
1 TL gehackter Thymian
– bereithalten (Abb. 1) –

Das Tomatenconcassee zubereiten.

Olivenöl aufwärmen (nicht über 100 °C).

Kräuter und Tomatenconcassee hinzufügen (Abb. 2).

Von der Herdplatte nehmen und zur Seite stellen.

Fisch mit Pfeffer und Salz würzen.

Lachs in etwas Öl leicht anbraten (ca. 1 Minute von beiden Seiten). Lachs muss von innen noch glasig sein (Abb. 3).

Mit Küchenpapier abtupfen.

Auf den Tellern anrichten.

Mit angefertigtem Kräuteröl samt Kräutern übergießen (Abb. 4).

Jede Portion mit 1 TL Fleur de Sel de Guérande bestreuen und servieren (Abb. 5).

Stopfleber mit Chicorée

Für 4 Personen

Zutaten

4 Stück großer Chicorée
600 g Entenstopfleber
Saft von 1 Orange
30 g Butter
2 TL Zucker
1/2 TL frisch geriebener Muskat
1 1/2 TL Sherryessig
Olivenöl oder Trüffelöl
40 g Trüffelscheiben
aus dem Glas

Öl zum Braten
Salz, Pfeffer aus der Mühle

Vorbereitung

Stopfleber und Chicorée:
– kann bereits morgens zubereitet werden –

Rohe Stopfleber in hauchdünne Scheiben schneiden (Abb. 1). Kalt stellen.

Chicorée waschen. Entblättern und abtrocknen. › Das bittere Endstück großzügig wegschneiden. › 4 x 6 Blätter ganz lassen. Die restlichen Chicoréeblätter grob zerschneiden. › Saft einer Orange auspressen.

Zubereitung

Chicoréeblätter in Butter und etwas Öl bei starker Hitze 3 Minuten braten. › Mit Salz, Pfeffer, etwas Muskat und Zucker würzen. › Karamellisieren lassen und mit einem 1/2 TL Sherryessig ablöschen (Abb. 2). Beiseite stellen.

Geschnittenen Chicorée in Butter und etwas Öl bei starker Hitze 3 Minuten braten. › Mit Salz, Pfeffer, etwas Muskat und Zucker würzen (Abb. 3).

Karamellisieren lassen und mit 1 TL Sherryessig sowie Orangensaft ablöschen und 2 Minuten einkochen (Abb. 4). › Kurz die Chicoréeblätter aufwärmen und auf den Tellern verteilen. › Stopfleber salzen und pfeffern.

Anrichten

In der Mitte der Teller den gebratenen Chicorée anordnen. › Die Stopfleberstreifen kalt auf den warmen Chicorée geben und mit Trüffelscheiben dekorieren.

Kaninchen in Balsamico

Für 4 Personen

Zutaten

2 Kaninchenrücken mit Leber
100 g Speck
(Frühstücksspeck in Scheiben)
1 Schalotte
1 Zwiebel
1 EL gehackter Thymian
4 EL Gemüsefond
(s. Grundrezept S. 192)
1/8 l Sherry medium
2 EL Balsamicoessig
125 g Butter
1 TL Mehl
1 EL Schlagsahne
1 Lorbeerblatt
3 Nelken
Salz, Pfeffer aus der Mühle
Öl zum Braten

Beilagenempfehlung:
Kartoffelpüree mit Oliven oder Polenta
(s. Grundrezepte S. 197 und S. 202)

Vorbereitung

Kaninchenrücken mit Leber:
– kann bereits 1 Tag vorher zubereitet werden –

Leber vom Kaninchenrücken entfernen, würzen u. klein hacken. Den Rücken von der Seite auslösen. Schalotten und Zwiebeln schälen und klein hacken. › In einer Pfanne Schalotte und Leber kurz anschwitzen. Mit etwas Mehl bestreuen und Sahne und Thymian dazugeben. Einkochen lassen, bis eine Bindung zustande kommt und erkalten lassen (Abb. 1). › Die Speckstreifen auf einer Alufolie auslegen. Die gewürzten Filets auf den Speck legen. Dazwischen geben Sie die gebratene Leber. Das Ganze vorsichtig wie eine Roulade einrollen (Abb. 2–3). Die Roulade in die Alufolie einrollen und kühl stellen.

Sauce:
– kann bereits 1 Tag vorher zubereitet werden –

Die klein gehackten Rückenknochen mit der klein gehackten Zwiebel anrösten. Die Knochen mit etwas Mehl bestäuben und mit 1/4 l Wasser ablöschen. Lorbeerblatt und Nelken beigeben. Das Ganze zur Hälfte einkochen lassen. Sherry, Gemüsefond und Balsamicoessig hinzufügen und zur Hälfte einkochen lassen (Abb. 4). Die Sauce durch ein Sieb passieren und beiseite stellen.

Zubereitung

Die Kaninchenrouladen in der Alufolie 15 Minuten im vorgeheizten Backofen bei 160 °C garen. In der Zwischenzeit die Sauce nochmals aufkochen, mit der kalten Butter aufschlagen und nachwürzen. › Die Kaninchenrouladen aus der Alufolie nehmen und jeweils in 6 Scheiben schneiden (Abb. 5). Die von Ihnen ausgewählte Beilage auf dieTeller geben. Die Sauce auf die Teller gießen und jeweils 3 Scheiben Fleisch dazulegen.

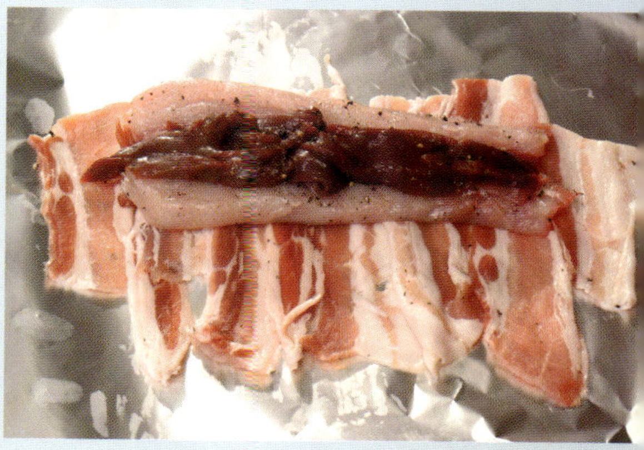

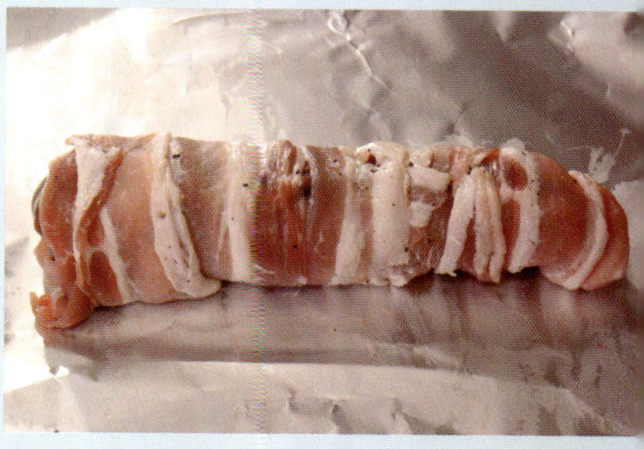

Beerensüppchen mit Vanilleparfait

Für 4 Personen

Zutaten

- 100 g Himbeeren
- 125 g Erdbeeren
- 100 g Brombeeren
- 50 g Waldbeeren
- 50 g Johannisbeeren
- 1/8 l Vanillesauce (s. Grundrezept S. 210)
- 1/8 l Schlagsahne
- 1/4 l Rotwein
- 1 Lorbeerblatt
- 1 Nelke
- 1 Teebeutel Pfefferminztee
- 1 TL Zimt
- 60 g Zucker

Tipp: Das Vanilleparfait ca. 15 Minuten vorher etwas auftauen lassen, dann schmeckt es besser!

Vorbereitung

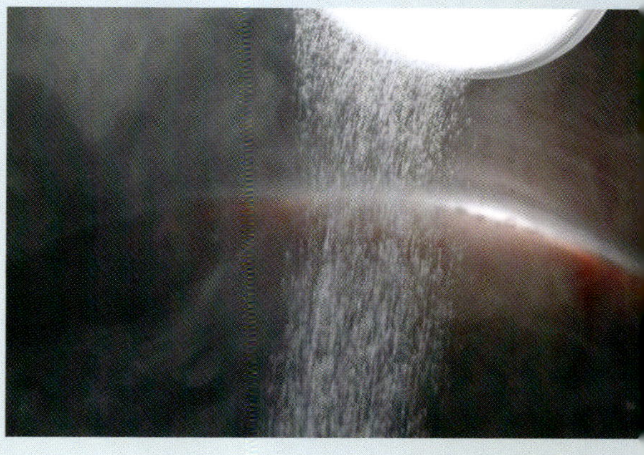

Vanilleparfait:
– muss mindestens 1 Tag vorher zubereitet werden –

Die Schlagsahne unter die Vanillesauce heben.

Die Masse in eine Form oder Förmchen füllen und einfrieren.

Beerensüppchen:
– sollte bereits morgens zubereitet werden –

Den Rotwein in einen Topf füllen und mit Zucker, Zimt, Teebeutel, Nelke und Lorbeerblatt aufkochen und 1 Stunde ziehen lassen (Abb. 1 – 2).

Passieren und in eine Schüssel geben (Abb. 3).

1/4 der Beeren in der Rotweinbrühe mixen (Abb. 4).

Den Rest der Beeren in die Beerensuppe legen (Abb. 5).

Anrichten

Die Fruchtsuppe in Teller füllen

Das Parfait in Scheiben schneiden und in die Suppe legen.

Gambas auf kaltem Gazpacho

Wildlachs mit Estragon und Erbsen

Rinderfilet in Rotweinessig-Sauce

Kaffee-Rum-Mousse
mit
marinierten Himbeeren

Weinempfehlung: s. Seite 217

Gambas auf kaltem Gazpacho

Für 4 Personen

Zutaten

Gambas von der Größe 8/12er ohne Kopf
800 g Tomaten
2 rote Paprika
1 Salatgurke
3 Knoblauchzehen, gehackt
4 EL Olivenöl
8 EL Gemüsefond (s. Grundrezept S. 192)
1 El Weißweinessig
16 Blatt Basilikum
1 EL gehackter Thymian
20 Kirschtomaten
Safran
Öl zum Braten
Salz, Pfeffer aus der Mühle

Vorbereitung

Gazpacho:
– kann bereits morgens zubereitet werden –

Kirschtomaten auf ein Blech geben. › 2 EL Olivenöl über die Kirschtomaten geben. › Die Kirschtomaten mit Salz und Pfeffer würzen, 1 gehackte Knoblauchzehe und 1 EL gehackten Thymian dazugeben.

Kirschtomaten 5 Minuten bei 180 °C im vorgeheizten Backofen garen, herausnehmen und wegstellen (Abb. 1).

Die Tomaten für den Gazpacho schälen und Stielansätze herausschneiden. › Die Salatgurke schälen und entherzen. › Paprika schälen und entherzen. › Paprika, Tomaten und Salatgurke in kleine Würfel schneiden. › Alle Gemüse mit Olivenöl, Essig, Gemüsefond, 2 gehackten Knoblauchzehen, Pfeffer und Salz mixen und kaltstellen (Abb. 2 – 3).

Darm bei den Gambas entfernen (Abb. 4).

Zubereitung

Olivenöl, Safran, Salz und Pfeffer in eine Schüssel geben. › Die Gambas in diesem gewürzten Öl wälzen. › Gambas in einer Pfanne mit Öl von beiden Seiten 1 Minute anbraten (Abb. 5).

Anrichten

Den Gazpacho in Suppenteller füllen. › Die Kirschtomaten hinzufügen. › Gambas teilen und auf die Suppe geben. › Mit Basilikumblättern garnieren.

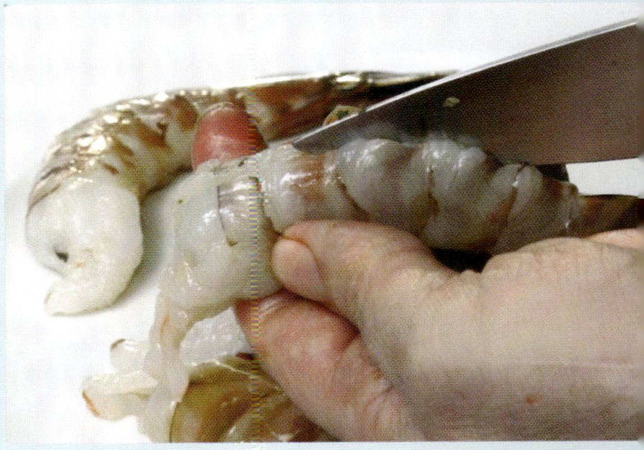

Wildlachs mit Estragon und Erbsen

Für 4 Personen

Zutaten

4 Lachsscheiben à 140 g
2 EL gehackter Estragon
50 g Erbsen
150 ml Sherry medium
1/4 l Gemüsefond
(s. Grundrezept S. 192)
1/4 l Schlagsahne
60 g Butter
1 Schalotte

Öl zum Braten
Salz, Pfeffer aus der Mühle

Vorbereitung

– kann bereits morgens zubereitet werden –

Die Erbsen kurz in Salzwasser blanchieren und beiseite stellen.

Zubereitung

Sherry, den Gemüsefond und die Schalotte zur Hälfte einkochen (Abb. 1).

Sahne hinzugeben und einkochen, bis die Sauce sämig wird. › Butter unter ständigem Rühren mit dem Schneebesen in kleinen Flocken hinzufügen. (Abb. 2). › Das Ganze durch ein Sieb passieren (Abb. 3). › Sauce mit dem Stabmixer mixen.

Den Lachs würzen und auf beiden Seiten glasig braten.

Estragon und Erbsen in die Sauce geben und aufkochen lassen (Abb. 4 – 5).

Den Lachs mit dem Küchenpapier abtupfen.

Anrichten

Den Lachs auf die Teller verteilen und die Sauce dazugießen.

Rinderfilet in Rotweinessig-Sauce

Für 4 Personen

Zutaten

8 Tournedos à 100 g
2 Schalotten
1/4 l Rotwein
1/8 l Rotweinessig
2 EL Zucker
4 EL Kalbsfond
1 TL gehackter Thymian
4 Nelken, 2 Lorbeerblätter
4 EL roter Portwein
1 TL Tomatenmark
100 g Butter

1/2 TL Maizena (Stärkemehl zum Abbinden)
1 EL Rosinen
1 EL gehobelte Mandeln geröstet
Öl zum Braten
Salz, Pfeffer aus der Mühle

Beilagenempfehlung: Gemüsepotpourri
100 g Erbsen, 100 g dicke Bohnen, 100 g feine Bohnen,
1 EL gezupfter Estragon, 1 EL gehackter Kerbel, Butter
2 Tomaten für Tomatenconcassee (s. Grundrezept S. 208),
Salz, Pfeffer aus der Mühle

Vorbereitung

– kann bereits morgens zubereitet werden –

Rosinen in etwas Rotwein einweichen. › Gemüse nacheinander in heißem Wasser blanchieren: Die Bohnen 3 Minuten, die Erbsen und dicken Bohnen 1 Minute lang blanchieren. › In kaltem Wasser abschrecken und die feinen Bohnen dritteln. › Tomatenconcassee zubereiten und alle Gemüse beiseite stellen. › Die Mandeln trocken in der Pfanne leicht anrösten.

Zubereitung

Gemüsepotpourri:
Butter in einem Topf leicht erhitzen, das Gemüse hinzugeben und würzen. › Kräuter hinzugeben und warm halten (Abb. 1).

Rinderfilet:
Tournedos salzen und pfeffern und in Öl 2–3 Minuten von beiden Seiten anbraten (Abb. 2). › Tournedos in Alufolie verpacken und warm halten. › 1/2 EL Butter in eine Pfanne geben. Schalotten kurz anschwitzen und mit Zucker bepudern (Abb. 3). › Das Ganze karamellisieren lassen und mit Essig löschen (Abb. 4). › Tomatenmark hinzufügen. Rotwein, Nelken und Lorbeerblätter hineingeben und zur Hälfte einkochen lassen. › Kalbsfond und Rotwein hinzufügen und zur Hälfte einkochen lassen. Etwas Maizena mit Wasser auflösen, die Sauce damit binden und mit Butter hochschlagen. › Das Ganze durch ein Sieb passieren, Thymian hinzugeben und nachwürzen. › Die Rosinen mit dem Rotwein hinzugeben. › Tournedos in die Sauce legen und nochmals aufwärmen (Abb. 5). › Das Gemüse auf den Tellern anrichten, die Tournedos platzieren. Mit der Sauce dekorativ überziehen. › Die gerösteten Mandeln über die Tournedos streuen.

Kaffee-Rum-Mousse mit marinierten Himbeeren

Für 4 Personen

Zutaten

240 ml sehr starker Kaffee, je nach Geschmack auch Espresso
1 Ei
1 Eigelb
80 ml Rum
80 g Kuvertüre
1 Blatt Gelatine
290 ml Schlagsahne

300 g Himbeeren
40 ml Framboise (frz. Himbeergeist)

Vorbereitung

Kaffee-Rum-Mousse:
– muss bereits 1 Tag vorher zubereitet werden –

Schlagsahne schlagen und in den Kühlschrank stellen.

Kaffee in einem Topf bei kleiner Hitze auf ¼ einkochen und abkühlen lassen.

Die Gelatine einweichen.

Die Kuvertüre in eine Schüssel geben und im Wasserbad bei ca. 50 °C schmelzen (Abb.1).

1 Ei und 1 zusätzliches Eigelb, Kaffee und Gelatine im Wasserbad schaumig aufschlagen.

Die Kuvertüre unterrühren und nach und nach den Rum hinzufügen und verrühren (Abb. 2–3).

Die Schüssel in einen Topf mit kaltem Wasser stellen. So lange weiterrühren, bis die Masse sich festigt.

Die geschlagene Sahne unter die Masse heben, in 4 gleiche Förmchen oder eine Schüssel füllen und in den Kühlschrank stellen (Abb. 4).

Anrichten

Himbeeren mit Himbeergeist marinieren (Abb. 5).

Masse auf den Tellern verteilen und die marinierten Himbeeren dazugeben.

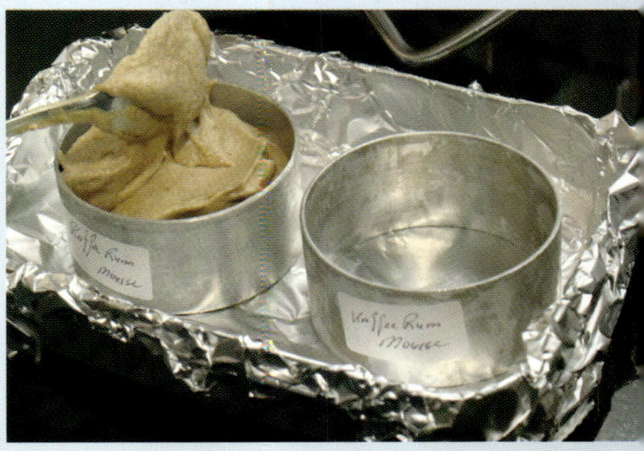

Artischockenherz mit Krabben

Lachsklößchen in Sauerampfersauce

Lammrücken in Blätterteig

Printenmousse mit Biersauce

Weinempfehlung: s. Seite 218

Artischockenherz mit Krabben

Für 4 Personen

Zutaten

4 Artischocken
250 g geschälte Krabben
3 EL Mayonnaise
(s. Grundrezept S. 199)
2 EL Vinaigrette
(s. Grundrezept S. 211)
4 Tomaten
4 TL gehackter Schnittlauch
1 EL gehacktes Basilikum
1 EL gehackter Kerbel
1 Messerspitze Safran
1 TL Weißweinessig
2 Zitronen

Vorbereitung

– kann bereits morgens zubereitet werden –

Stiele von den Artischocken brechen (nicht schneiden).

Artischocken in kochendem Salzwasser mit 1 TL Weißweinessig und 3 halben Zitronen ca. 35 Minuten kochen (Abb. 1).

Artischocken schälen (Abb. 2 – 3). Heu von den Artischocken mit einem Löffel entfernen (Abb. 4 – 5). › Nur das Herz (Abb. 5) verwenden und in der Vinaigrette marinieren.

Tomaten als Tomatenconcassee vorbereiten (s. Grundrezept S. 208) und einen kleinen Teil in Streifen lassen.

Krabben mit der Mayonnaise, den gehackten Kräutern, dem Saft einer 1/2 Zitrone sowie dem Safran vermengen.

Anrichten

Die marinierten Herzen jeweils in der Mitte der Teller und die Artischockenblätter rundherum anrichten. Beides mit Krabben füllen.

Tomatenconcassee und Tomatenstreifen mit der restlichen Vinaigrette vermengen und dekorativ auf den Tellern verteilen. Gehackten Schnittlauch darüberstreuen.

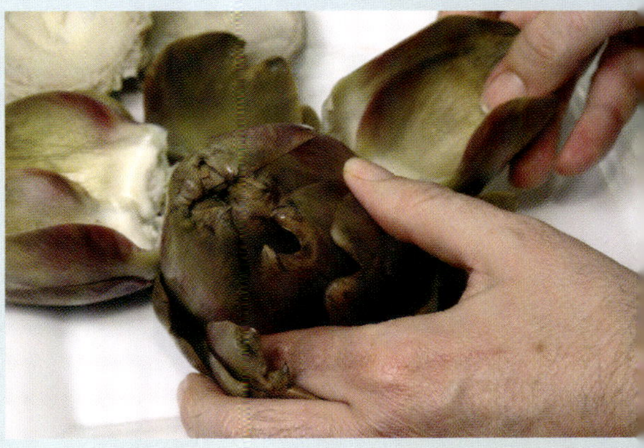

Lachsklößchen in Sauerampfersauce

Für 4 Personen

Zutaten

250 g Lachs ohne Haut und Gräten
1/4 l Schlagsahne
2 Eier
Salz, Pfeffer aus der Mühle

Sauce:
100 g Sauerampfer
1/8 l Weißwein
1/8 l Noilly-Prat (frz. Wermut)
1/8 l Fischfond
1/4 l Schlagsahne
1 Schalotte sehr fein gehackt
80 g und 20 g Butter
Salz, Pfeffer aus der Mühle

Vorbereitung

– kann bereits morgens zubereitet werden –

Das Lachsfleisch in feine Streifen schneiden, mit Salz und Pfeffer würzen und im Gefrierschrank anfrieren (Abb. 1 – 2). Die Sahne sehr kalt werden lassen. › Das angefrorene Lachsfleisch mit Eiern pürieren (Abb. 3), nach und nach die Sahne hinzufügen und salzen, pfeffern. › Die Masse noch einmal im Kühlschrank sehr kalt werden lassen und danach durch ein Sieb streichen.

Sauce:
Schalotten in 20 g Butter anschwitzen. › Mit dem Fischfond, Weißwein und Noilly-Prat ablöschen und zur Hälfte einkochen lassen. › Die Sahne hinzugeben und zur Hälfte einkochen. › Die Sauce mit der restlichen Butter mixen und nachwürzen. › Den Sauerampfer in Streifen schneiden und dazugeben.

Zubereitung

Wasser auf 90 °C erwärmen. › Mit 2 Esslöffeln Lachsklößchen formen (Abb. 4) und im Wasser von beiden Seiten jeweils 3 Minuten garen (Abb. 5). › Lachsklößchen herausnehmen und auf einem Küchenpapier abtropfen lassen.

Anrichten

Die Sauce kurz aufkochen. Die Klöße auf Teller geben und mit der Sauce überziehen.

Lammrücken in Blätterteig

Für 4 Personen

Zutaten

4 Lammrückenstränge à 125 g
pariert (von Sehnen befreit)
300 g Blätterteig (TK)
1 Eigelb mit 1 EL Wasser mischen
1 Aubergine, 1 Zucchini
2 rote Paprika, 3 Zwiebeln
5 Fleischtomaten
2 Knoblauchzehen
2 EL gehackter Estragon
2 EL gehacktes Basilikum
2 EL gehackte Petersilie
1 EL gehackter Thymian
1 EL mildes Paprikapulver
2 EL Tomatenmark
10 EL Gemüsefond
(s. Grundrezept S. 192)
Olivenöl
Salz, Pfeffer aus der Mühle

Beilage:
Kartoffelpüree mit Oliven (s. Grundrezept S. 197, die Hälfte der Menge erscheint als Beilage ausreichend).

Vorbereitung

– kann bereits morgens zubereitet werden –

Das Lamm auf beiden Seiten mit Salz und Pfeffer würzen und von jeder Seite ca. 1/2 Minute scharf anbraten und erkalten lassen (Abb. 1).

Ratatouille: Zwiebeln schälen und hacken. › Von Paprika Strunk und Kerne entfernen und in 5 mm breite Würfel schneiden. › Zucchini in der Länge vierteln und in 5 mm dicke Würfel schneiden. › Aubergine in der Länge vierteln und in 5 mm dicke Würfel schneiden. › Tomaten enthäuten (s. Grundrezept S. 208) und in Stücke schneiden. Die Tomatenstücke mit Knoblauch, Tomatenmark, Paprikapulver, Salz, Pfeffer und 5 EL Gemüsefond fein mixen. › Olivenöl in einen Topf geben und die Zwiebeln darin anschwitzen. › 1 Minute später die Paprika hinzufügen. › 1 Minute später Aubergine dazugeben. › 1 Minute später Zucchini dazugeben. › Das Ganze noch ca. 3 Minuten garen. Die gemixte Tomatenmasse beigeben und das Ganze noch einmal 5 Minuten kochen. › Zuletzt die Kräuter hinzufügen, aufkochen, abschmecken und erkalten lassen. 5 EL Ratatouille für die Sauce aufheben.

Blätterteig: Blätterteig ausrollen und mit Lamm und Ratatouille füllen (Abb. 2). Einen schmalen Streifen Blätterteig über die Masse legen. Den Streifen und die Ränder mit der Eigelbmasse bepinseln (Abb. 3) und das Ganze zu einem Päckchen zuklappen und kalt stellen (Abb. 4).

Sauce: 5 EL Ratatouille aufkochen, mit dem restlichen Gemüsefond glatt mixen, nachwürzen und kalt stellen.

Anrichten

Das Lamm im Blätterteig mit der Naht nach unten auf ein Backblech legen. Die Oberseite mit der Eigelbmasse bepinseln. In einem vorgewärmten Backofen 11 Minuten bei 220 °C garen. › Das Lamm im Blätterteig teilen und auf den Tellern zusammen mit dem Oliven-Kartoffelpüree anrichten. Die Sauce aufwärmen und vor dem Fleisch platzieren.

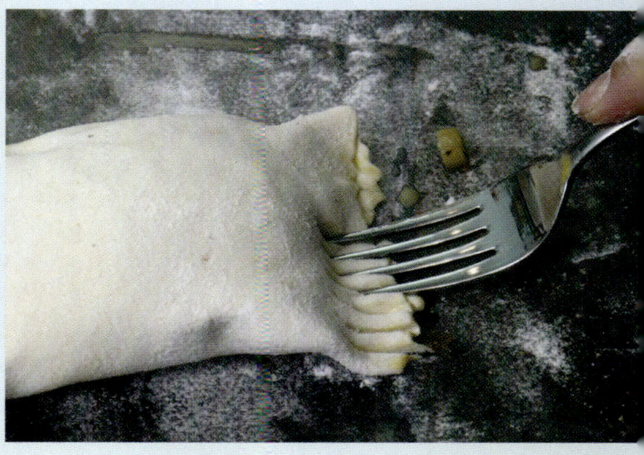

Printenmousse mit Biersauce

Für 4 Personen

Zutaten

½ l Milch
4 Eigelb
2 Eigelb (zusätzlich)
1 Vanilleschote
¼ l Schlagsahne
4 Blatt Gelatine
150 g Printen
1 EL Printengewürz
80 g Zucker

8 EL Wasser
30 g Zucker
200 ml Bier

Tipp: Sollte die Masse zu warm werden und flocken, 1 TL Wasser hinzugeben und glatt mixen (s. Vorbereitung).

Vorbereitung

Printenmousse:
– muss bereits 1 Tag vorher zubereitet werden –

Printen in Milch aufweichen und aufkochen. Anschließend durchmixen (Abb. 1).

Gelatine in kaltem Wasser einweichen.

Vanilleschote halbieren (Abb. 2). Das Mark herauskratzen (Abb. 3) und in einen Topf geben.

4 Eigelb und 80 g Zucker und 8 EL Wasser hinzufügen und die Masse kalt schaumig schlagen. › Milch und Printengewürz hinzugeben und das Ganze unter ständigem Rühren erwärmen – nicht kochen (Abb. 4).

Gelatine ausdrücken und in der Masse auflösen (Abb. 5). › Die Masse nunmehr erkalten lassen.

Die Sahne aufschlagen und unter die anstockende Masse heben. › In Förmchen füllen und im Kühlschrank stocken lassen.

Zubereitung

Bier und 30 g Zucker aufkochen und danach etwas erkalten lassen. › 2 Eigelb dazugeben und wie eine Zabaione aufschlagen.

Anrichten

Sauce auf die Teller geben. › Die Mousse aus den Formen stürzen und etwas von den Printen über die Mousse reiben.

JEAN PABIOT
2003
Domaine des
Pouilly-Fumé
APPELLATION POUILLY-FUMÉ CONTROLÉE

CHAMPAGNE
CHAMPAGNE
Chaillot
RÉSERVE

Langoustinen mit Paprikamousse

Seezungenfilets oriental

Rehrücken mit Johannisbeersauce

Zarte Tatin mit Mango
und
Passionsfrucht-Eissoufflé

Weinempfehlung: s. Seite 218

Langoustinen mit Paprikamousse

Für 4 Personen

Zutaten

Feldsalat zum Dekorieren
24 Langoustinen
Safran (für die Langoustinen)
2 rote Paprika
1 EL Paprikapulver
1/4 l Schlagsahne
1/8 l Gemüsefond
(s. Grundrezept S. 192)
4 x 1/2 Blatt Gelatine
4 EL Vinaigrette
(s. Grundrezept S. 211)
1 Bund Schnittlauch (8 Halme für Deko + 1 TL Schnittlauchwürfel)
Zucker
Öl zum Braten
Salz, Pfeffer aus der Mühle

Vorbereitung

Paprikamousse:
– muss bereits 1 Tag vorher zubereitet werden –

Die 2 Paprika halbieren, entkernen und in Streifen schneiden.

In einem Topf mit etwas Öl 5 Minuten anbraten. › Paprikapulver hinzugeben, salzen und pfeffern. › Mit dem Gemüsefond ablöschen und im geschlossenen Topf garen.

Gelatine in kaltem Wasser aufweichen (Abb. 1) › Wenn die Paprika gar sind, Gelatine hinzufügen und sich auflösen lassen. › Das Ganze mixen (Abb. 2). Wenn es glatt ist, die Sahne hinzufügen (Abb. 3) und aufkochen. › Kurz mixen, salzen, pfeffern und im Kühlschrank stocken lassen.

Zubereitung

Langoustinen aufbrechen, Schwänze lösen (Abb. 4). › Schwänze salzen, pfeffern und mit Safranpulver einreiben.

Mit einem Esslöffel – vorher in heißes Wasser tauchen – Nocken vom Paprikamousse ausstechen und auf die Teller legen.

In einer Pfanne mit Öl die Langoustinenschwänze kurz anbraten (Abb. 5), 1 Messerspitze Zucker und den geschnittenen Schnittlauch hinzufügen und mit der Vinaigrette löschen.

Langoustinen um die Paprikamousse platzieren und etwas von der abgelöschten Vinaigrette auf die Schwänze geben.

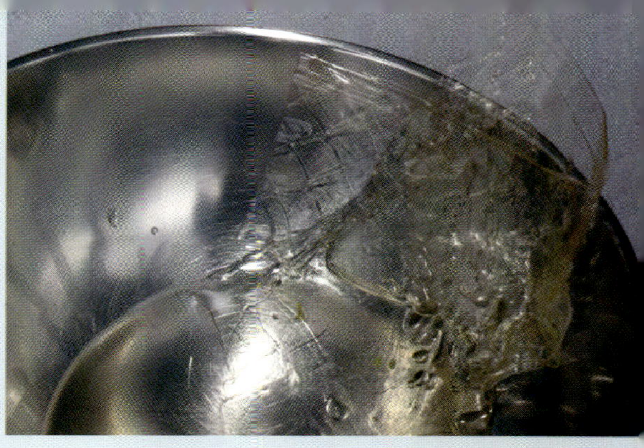

Seezungenfilets oriental

Für 4 Personen

Zutaten

2 Seezungen à 500 g
1/2 rote Paprika
1/2 grüne Paprika
1/2 gelbe Paprika
2 Tomaten
2 Schalotten
1 EL gehackter Koriander
1 EL gehackter Salbei
1/8 l Gemüsefond
(s. Grundrezept S. 192)
100 ml Weißwein (nicht zu trocken)
Kurkuma
Kardamon
Curry
1/2 TL Bindemittel (Kartoffelmehl)
Öl zum Braten
Salz, Pfeffer aus der Mühle

Vorbereitung

– kann bereits morgens zubereitet werden –

Seezungen filetieren und die Filets in den Kühlschrank stellen.

Paprika schälen und in Streifen schneiden (Gemüsereste wie Strunk, Kerne und Schalen aufbewahren).

Tomaten schälen, in 6 Teile schneiden und entkernen (Reste zu den Paprikastreifen geben).

Schalotten schälen, grob hacken und zu den Gemüseresten geben.

Gemüsereste mit dem Weißwein (Abb. 1) und dem Fond (Abb. 2) übergießen.

Das Ganze zur Hälfte einkochen und passieren (Abb. 3).

Curry, Kardamon und Kurkuma dazugeben, aufkochen und beiseite stellen (Abb. 4).

Zubereitung

Die halbfertige Sauce aufkochen und die Paprikastreifen darin garen (Abb. 5). › Sauce binden. › Kräuter und Tomaten dazugeben u. nachwürzen. › Seezungenfilets würzen und anbraten.

Anrichten

Die Filets teilen und auf den Tellern anrichten. › Die aufgewärmte Sauce und das Gemüse dazugeben.

Rehrücken mit Johannisbeersauce

Für 4 Personen

Zutaten

8 Rehrückenmedaillons à 80 g
4 EL Wildfond
1/8 l Rotwein
4 EL Johannisbeerlikör
2 Äpfel (Boskop oder Granny Smith) für 12 Apfelspalten
100 g Butter
Öl zum Braten
Salz, Pfeffer aus der Mühle

Spätzle:
300 g Mehl
3 Eier
100 ml Wasser
frisch geriebener Muskat
1 TL Salz

Vorbereitung

2 Äpfel schälen und in 12 Spalten schneiden (Abb. 1).

Spätzle:
Mehl, Eier, Wasser und Salz in eine Schüssel geben und mit dem Handrührgerät mixen. Gegebenenfalls noch etwas Wasser oder Mehl hinzufügen. Der Teig muss zäh sein. › Den Spätzleteig über kochendes Wasser schaben und garen. (Wenn die Spätzle an der Oberfläche des Wassers schwimmen, sind sie gar.)

Sauce:
Fond mit Likör, Butter und Rotwein in einen Topf geben. Das Ganze zur Hälfte einkochen (Abb. 2–3). › Die Sauce mit der Butter hochschlagen, mit Salz und Pfeffer würzen und beiseite stellen.

Zubereitung

Die Apfelspalten in Butter anbraten (Abb. 4). › Die Rehmedaillons mit Salz und Pfeffer würzen und in Öl anbraten (Abb. 5). › Die Rehmedaillons aus der Pfanne nehmen und warm halten. Das Öl aus der Pfanne ausgießen und die Sauce in der Pfanne zusammen mit den rückständigen Aromen des Rehmedaillons kurz aufkochen. › Spätzle in einer Pfanne mit Butter kurz anbraten und mit Salz, Pfeffer und Muskat würzen.

Anrichten

Rehmedaillons und Apfelscheiben auf den Tellern anrichten, die Sauce hinzufügen und dazu Spätzle servieren.

Tarte Tatin mit Mango mit Passionsfrucht-Eissoufflé

Für 4 Personen

Zutaten

Tarte Tatin:
200 g Blätterteig (TK)
2 Mango
100 g Zucker
100 ml Wasser
4 EL Rum
Saft einer Orange

Eissoufflé:
1/8 l Vanillesauce
(s. Grundrezept S. 210)
1/8 l Schlagsahne
4 EL Passionsfruchtmark

Vorbereitung

Eissoufflé:
– muss mindestens 1 Tag vorher zubereitet werden –

Vanillesauce zubereiten, mit dem Passionsfruchtmark mischen und geschlagene Sahne unterheben. › Das Ganze in eine Form oder Förmchen geben und in die Tiefkühltruhe stellen.

Tarte Tatin:
– kann bereits morgens zubereitet werden –

Blätterteig ausrollen, um einen kleinen Teller herum ausschneiden und in den Kühlschrank legen (Abb. 1).

Zubereitung

Zucker mit Wasser karamellisieren lassen und mit dem Orangensaft löschen. › Karamell schmelzen lassen und Rum dazugeben (Abb. 2).

Mango schälen (Abb. 3) und in Stücke schneiden. › Karamell auf ein Blech geben. › Mangospalten darauflegen (Abb. 4). › Das Ganze mit dem Blätterteig überdecken. › Blätterteig mit einer Gabel durchstechen (bewirkt, dass der Blätterteig nicht so hoch aufgeht) (Abb. 5).

Die Tarte im vorgeheizten Backofen bei 200 °C ca. 17 Minuten garen.

Blech aus dem Ofen herausnehmen und die Tarte auf einen Teller stürzen. Wenn nötig, mit einem langen Küchenmesser die Tarte vom Blech trennen. › Eissoufflé auf die warme Tarte geben.

Ratatouillesalat mit Thunfisch

Schwarzwurzel-Cremesuppe
mit
Jacobsmuscheln

Hasenrücken mit Wacholderbeeren

Nougateisparfait
mit
Passionsfruchtsauce

Weinempfehlung: s. Seite 218-219

Ratatouillesalat mit Thunfisch

Für 4 Personen

Zutaten

Ratatouille
(s. Grundrezept S. 204)
8 EL Vinaigrette
(s. Grundrezept S. 211)
3 EL Pernod
12 Thunfischmedaillons
1 cm hoch (à 40 g)
2 EL geröstete Pinienkerne
1/2 Bund Basilikum
4 kleine Rosmarinzweige
3 EL Kapern
1 Chilischote
2 Auberginen (12 Scheiben)
Mehl
1 TL Zitronensaft
Öl zum Braten
Salz, Pfeffer aus der Mühle

Vorbereitung

Ratatouille, Vinaigrette:
– können bereits morgens zubereitet werden –

Zubereitung

Ratatouillesalat:
Ratatouille mit 2 EL Vinaigrette erwärmen, verrühren und beiseite stellen. › Die Auberginen in 12 Scheiben schneiden, salzen, pfeffern, mehlieren und in einer Pfanne mit Öl hellbraun braten (Abb. 1). › Die Auberginenscheiben herausnehmen und auf Küchenpapier abtropfen lassen. Beiseite stellen.

Sauce:
6 EL Vinaigrette mit 3 EL Pernod, 1 TL Zitronensaft und fein geschnittenem Basilikum in einem Topf erwärmen und durchmixen (Abb. 2–3).

Thunfischmedaillons:
In einer Pfanne mit Öl die sehr klein gehackte Chilischote u. die 4 Rosmarinzweige hineingeben und etwas anbraten (Abb. 4). › 12 Thunfischmedaillons salzen und pfeffern und in dieser Pfanne kurz anbraten (beide Seiten jeweils ca. 1 Minute) (Abb. 5). Beiseite stellen. › Die Pinienkerne in einer Pfanne ohne Öl kurz anrösten und mit 3 EL abgetropften Kapern unter die Ratatouille mischen.

Anrichten

Die Auberginenscheiben auf den Tellern anrichten u. die Thunfischmedaillons darauflegen. Den Ratatouillesalat rundherum platzieren. Die lauwarme Sauce auf Thunfisch und Ratatouille verteilen.

Schwarzwurzel-Cremesuppe mit Jacobsmuscheln

Für 4 Personen

Zutaten

700 g Schwarzwurzeln
12 Jacobsmuscheln
2 1/2 EL Weißweinessig
130 g Zwiebeln
2 EL Zitronensaft
30 g Butter
20 g Mehl
3/4 l Geflügelfond
300 ml Schlagsahne

25 g Trüffel
1 EL Trüffelöl
frisch geriebener Muskat
Salz, Pfeffer aus der Mühle

Vorbereitung

Schwarzwurzelsuppe:
– kann bereits morgens zubereitet werden –

Die Schwarzwurzeln mit einer Bürste unter fließend kaltem Wasser gut abbürsten. Mit einem Sparschäler schälen, in Würfel schneiden und in kaltes Weißweinessigwasser legen, damit sie nicht braun werden.

Die Butter im Topf schmelzen, die Zwiebeln darin andünsten, mit Mehl bestäuben und unter Rühren ausschwitzen (Abb. 1). Sahne und Geflügelfond hinzugießen und aufkochen lassen (Abb. 2–3). Die Schwarzwurzeln dazugeben und bei milder Hitze etwa 35 Minuten garen. Immer wieder umrühren.

Die Suppe mit dem Pürierstab fein pürieren, durch ein feines Sieb in einen anderen Topf geben und aufkochen lassen. Die Suppe mit Pfeffer, Muskat, Salz und Zitronensaft würzen und 1 EL Trüffelöl hinzufügen. Jetzt noch einmal gut durchmixen.

Zubereitung

Die Suppe noch einmal sehr heiß werden lassen und durchmixen. › Die Jacobsmuscheln mit Pfeffer und Salz würzen und von beiden Seiten kurz braten.

Anrichten

Die Jacobsmuscheln in Suppenteller legen und mit Trüffelscheiben bedecken (Abb. 4). › Die Schwarzwurzelsuppe in die Suppenteller füllen (Abb. 5).

Hasenrücken mit Wacholderbeeren

Für 4 Personen

Zutaten

2 Hasenrücken
2 Zwiebeln
12 Wacholderbeeren
6 Pfefferkörner
12 EL Gemüsefond
(s. Grundrezept S. 192)
10 EL roter Portwein
12 EL Schlagsahne
16 EL Rotwein
1 TL Tomatenmark

80 g Butter
Öl zum Braten
Salz, Pfeffer aus der Mühle

Rotkohl:
s. Grundrezept S. 206

Vorbereitung

Den Hasenrücken von den Knochen lösen, enthäuten, säubern und mit Salz und Pfeffer würzen (Abb. 1 – 2).

Zwiebeln schälen und grob hacken.

Die Rückenknochen zerkleinern und in einen Topf geben. Mit Öl und Zwiebeln stark anbraten (Abb. 3).

Tomatenmark dazugeben und mit Rotwein, Gemüsefond und Portwein löschen.

Gestampfte Wacholderbeeren dazugeben und zur Hälfte einkochen lassen.

Sahne dazugießen und einkochen lassen, bis die Sauce sämig ist (Abb. 4).

Sauce durch ein Sieb passieren (Abb. 5).

Sauce mit Butter mixen und nachwürzen.

Zubereitung

Hasenrückenfilets mit Salz und Pfeffer würzen und in einer Pfanne mit etwas Öl 2 – 3 Minuten pro Seite anbraten. › Den Rücken warm halten und mit Folie zudecken.

Anrichten

Den Rücken in Scheiben schneiden. › Die Sauce auf die Teller geben und die Filetscheiben darauflegen. › Den Rotkohl neben dem Fleisch anrichten.

Nougateisparfait mit Passionsfruchtsauce

Für 4 Personen

Zutaten

250 g weiße Schokolade (Kuvertüre)
4 Eier
20 g Sukkade
20 g Orangeade
50 g Zucker
20 g gehobelte Haselnüsse
20 g gehobelte Mandeln
1/4 l Schlagsahne
2 EL weißer Portwein
4 EL Wasser
200 g Himbeeren

Für die Passionsfruchtsauce:
100 ml Passionsfruchtsaft
100 ml Wasser
100 g Zucker
1 EL Bindemittel (Kartoffelmehl oder Maizena)

Zubereitung

Nougateisparfait:
Schokolade in einem Topf in heißem Wasserbad schmelzen lassen (Abb. 1).

Eigelb und Eiweiß voneinander trennen. › Haselnüsse und Mandeln trocken hellbraun anrösten. › Portwein, Wasser, Zucker und Eigelb wie eine Zabaione hochschlagen.

Die geschmolzene Schokolade hinzufügen (Abb. 2). › Sahne und Eiweiß getrennt aufschlagen. › Wenn die Schokoladenmasse etwas erkaltet ist, Sukkade und Orangeade hinzufügen (Abb. 3).

Das geschlagene Eiweiß unter die Masse heben. › Die geschlagene Sahne unter die Masse heben (Abb. 4). › Mandeln und Haselnüsse unterheben (Abb. 5) und das Ganze in eine Schale oder Portionsförmchen geben und einfrieren.

Passionsfruchtsauce:
Wasser mit dem Zucker aufkochen. › Bindemittel hinzugeben und unter ständigem Rühren 30 Sekunden kochen lassen. › Etwas erkalten lassen und unter ständigem Rühren den Passionsfruchtsaft hinzufügen.

Anrichten

Das Parfait auf die Teller stürzen, die Sauce um das Parfait herum verteilen und mit Himbeeren garnieren.

Hummer mit Kartoffelsalat

Steinbutt mit Orangen-Basilikum-Sauce

Rehrücken mit Steinpilzen

Rotweinbirne in Blätterteig

Weinempfehlung: s. Seite 219

Hummer mit Kartoffelsalat

Für 4 Personen

Zutaten

2 Hummer (s. S. 12)
8 dicke Kartoffeln
20 Blätter Feldsalat

Kartoffel-Vinaigrette:
6 EL Vinaigrette
(s. Grundrezept S. 211)
60 g gestampfte Kartoffeln

Grüne Sauce:
1 EL gehackte Petersilie
1 EL gehackter Estragon
1 EL gehacktes Basilikum
1 EL gehackter Thymian
1 EL gehackter Salbei
3 EL Gemüsefond
(s. Grundrezept S. 192)
6 EL Mayonnaise
(s. Grundrezept S. 199)

Vorbereitung

Kartoffelsalat:
– kann bereits morgens zubereitet werden –

Kartoffeln schälen und abkochen.

Abkühlen und in Scheiben schneiden
(5 Scheiben pro Person).

Von den gehackten Kräutern (s. Grüne Sauce) jeweils 1/2 TL in die Vinaigrette geben. Die Kartoffeln in eine Schale legen und mit der Kräuter-Vinaigrette beträufeln (Abb. 2).

Grüne Sauce:
– kann bereits morgens zubereitet werden –

Sämtliche restlichen gehackten Kräuter mit dem Gemüsefond mixen und mit der Mayonnaise vermischen (Abb. 5).

Zubereitung

Den Hummer abkochen (1 Minute je 100 Gramm).

Den Hummer halbieren und auslösen
(s. S. 12).

Anrichten

Die Kartoffelscheiben auf einen Teller geben und Hummerstücke darauflegen.

Die Grüne Sauce dekorativ über den Hummer verteilen. Mit den Feldsalat-Blättchen dekorieren.

Steinbutt mit Orangen-Basilikum-Sauce

Für 4 Personen

Zutaten

4 Steinbuttfilets à 140 g
2 Orangen
1 EL gehacktes Basilikum
150 ml Sherry medium
1/5 l Gemüsefond
(s. Grundrezept S. 192)
1/4 l Schlagsahne
100 g Butter
1 Schalotte

Öl zum Braten
Salz, Pfeffer aus der Mühle

Zubereitung

Orangen filetieren (s. S. 25) und beiseite stellen.

Gehackte Schalotte, Sherry und den Gemüsefond in einem Topf zur Hälfte einkochen (Abb. 1).

Sahne dazugeben und einkochen, bis die Sauce sämig ist (Abb. 2).

Butter unter ständigem Rühren mit dem Schneebesen in kleinen Flocken hinzufügen.

Sauce mixen und gehacktes Basilikum hinzufügen (Abb. 3).

Steinbuttfilets salzen und pfeffern.

Auf beiden Seiten jeweils ca. 1 1/2 Minuten anbraten (Abb. 4).

Auf Küchenpapier legen und abtupfen.

Auf den Tellern anrichten.

Sauce kurz aufkochen, abschmecken und die Orangenfilets hinzufügen (Abb. 5).

Sauce um den Steinbutt herum verteilen.

Rehrücken mit Steinpilzen

Für 4 Personen

Zutaten

1,2 kg Rehrücken mit Knochen (vom hinteren Stück)
4 El Wildfond
1/8 l Rotwein
1/8 l roter Portwein
1/4 l Schlagsahne
2 Schalotten
400 g frische Steinpilze
100 g Butter
Öl zum Braten
Salz, Pfeffer aus der Mühle

Tipp: Lassen Sie Gäste nie nach etwas fragen müssen. Bieten Sie immer alles von sich aus an. Seien Sie großzügig und liebevoll. Ein schöneres Geschenk als die Gastfreundschaft gibt es nicht. Auch für Sie nicht, wenn Sie zur Belohnung in die glücklichen Gesichter Ihrer Gäste schauen können. „Der Geschmack des geteilten Brotes hat nicht seinesgleichen", sagt Antoine de Saint-Exupéry.

Zubereitung

Die Steinpilze putzen und in Scheiben schneiden.

Schalotten schälen und fein hacken.

Rehrücken mit Knochen parieren (von Sehnen befreien), mit Öl bestreichen und mit Salz und Pfeffer würzen.

Den Rehrücken auf der Hautseite kurz anbraten und auf die Knochenseite legen. Bei 180 °C ca. 30 Minuten im vorgeheizten Backofen garen (Abb. 1).

Rotwein und Fond zur Hälfte einkochen (Abb. 2). › Portwein dazugeben und 5 Minuten einkochen (Abb.3).

In einer Pfanne Schalotten mit 20 g Butter ausschwitzen, Steinpilze hinzufügen, würzen und garen. Anschließend durch ein Sieb geben und die Brühe auffangen.

Die Sauce nochmals kurz aufkochen. Die Sahne mit der aufgefangenen Pilzbrühe der Sauce beifügen und reduzieren lassen, bis die Sauce sämig ist. › Die Sauce mit der Butter aufschlagen und mixen. › Die Steinpilze in die Sauce geben (Abb. 4) und nachwürzen.

Rehrücken in Scheiben schneiden (Abb. 5).

Anrichten

Den Saucenspiegel auf die Teller gießen. › Die Rehrückenscheiben auf den Tellern anrichten. › Die Steinpilze dazugeben.

Rotweinbirne in Blätterteig

Für 4 Personen

Zutaten

2 Birnen
250 g Blätterteig (TK)
1 l Rotwein
1 Lorbeerblatt
2 Nelken
1/2 Bund Minze (ersatzweise 2 Teebeutel Pfefferminztee)
1 EL Zimt
250 g Zucker
etwas Stärkemehl
1/8 l Vanillessauce (s. Grundrezept S. 210)

Vorbereitung

Rotweinbirne:
– muss bereits 3 Tage vorher zubereitet werden –

Den Rotwein in einen Topf geben und zusammen mit Zucker, Zimt, 1/2 Bund Minze (bzw. 2 Teebeutel Pfefferminztee), Nelken und Lorbeerblatt aufkochen und ca. 1 Stunde ziehen lassen (Abb. 2 – 3).

Die Flüssigkeit durch ein Sieb passieren und in einen Topf geben.

Die Birnen schälen und halbieren. Kerne und Stiele entfernen.

Die Birnen in dem Rotwein halbgar kochen und 3 Tage in dem Rotwein ziehen lassen.

Vanillesauce:
– kann bereits morgens zubereitet werden –

Zubereitung

Rotweinsauce mit Stärkemehl binden und erkalten lassen.

Den Blätterteig ausrollen und in Birnenform ausschneiden.

Die Birnen in Fächer schneiden und in die Mitte des Blätterteigs legen (Abb. 4).

Das Ganze 15 Minuten bei 180 °C im vorgeheizten Backofen garen (Abb. 5).

Törtchen mit Birne auf den Tellern anrichten.
› Rotwein und Vanillesauce verteilen.

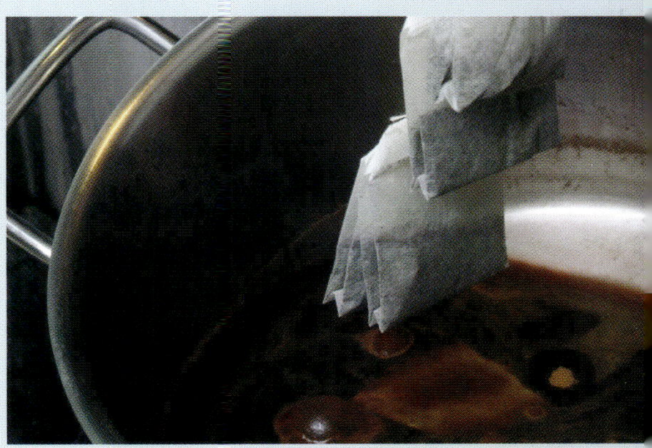

Apfelquiche

Für 4 Personen

Zutaten

160 g Mürbeteig
2 Boskop-Äpfel
1/8 l Schlagsahne
1 TL Zucker
1/4 TL Zimt
2 Eier
2 Prisen Salz

Tipp: Die Tarteletten-Förmchen während des Backens mit Linsen füllen, damit der Teig nicht hochgeht (Abb. 1).

Vorbereitung

– kann bereits morgens zubereitet werden –

Den Teig ausrollen und in gebutterte Tarteletten-Förmchen geben (Abb. 1).

Im vorgeheizten Backofen bei 180 °C ca. 10 Minuten blind backen.

Zubereitung

Die Äpfel schälen, vierteln und in Scheiben schneiden (Abb. 2).

Sahne und Eier mit Zimt, Zucker und Salz mixen (Abb. 3).

Die gebackenen Tarteletten mit den Äpfeln auslegen und mit der Sahnemasse übergießen (Abb. 4).

Bei 110 °C die Masse im vorgeheizten Backofen garen und stocken lassen (Abb. 5).

Gemüse mediterran

Für 4 Personen

Zutaten

12 Kirschtomaten
1/2 grüne Paprika
1/2 gelbe Paprika
1/2 rote Paprika
1 Fenchelknolle
12 Scheiben Zucchini
à 3 mm
Olivenöl
1 EL gehacktes Basilikum
2 EL gehackter Thymian
4 gehackte Knoblauchzehen
Salz, Pfeffer aus der Mühle

Vorbereitung

– kann bereits morgens zubereitet werden –

Kirschtomaten auf ein Backblech legen.

Olivenöl über die Kirschtomaten geben.

Kirschtomaten mit Salz und Pfeffer würzen, 1 gehackte Knoblauchzehe und 1 EL gehackten Thymian dazugeben.

Tomaten im vorgeheizten Backofen bei 180 °C 5 Minuten garen, herausnehmen und wegstellen (Abb. 1).

Paprika schälen und in grobe Streifen schneiden (Abb. 2).

Fenchel in Scheiben schneiden. Der Strunk hält die Knolle zusammen.

Zucchini in Scheiben schneiden.

Gemüse mit Pfeffer und Salz würzen (Abb. 3).

In reichlich Olivenöl zuerst den Fenchel schmoren (Abb. 4).

Dann die Paprika und zuletzt die Zucchini dazugeben (Abb. 5).

Kräuter und Knoblauch dazugeben, in ein Gefäß füllen und erkalten lassen.

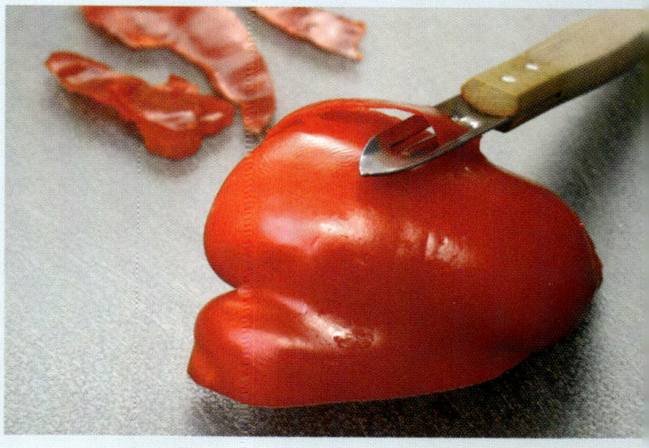

Gemüsefond

Zutaten

1 Zwiebel
1 Lauchstange
(nur das Weiße verwenden)
2 Möhren
1/2 Sellerie
1 Knoblauchzehe
ca. 2 1/2 l Wasser
1 Lorbeerblatt
2 Nelken
1/4 l trockener Weißwein
1 Gemüsebrühwürfel

Zubereitung

Sämtliche Gemüse in Würfel schneiden (Abb. 1) und in einen Topf geben.

Ca. 2 1/2 l Wasser hinzugießen.

Wein, Nelken, Lorbeerblatt und den Gemüsebrühwürfel hinzugeben und die Flüssigkeit auf 2/3 einkochen (ca. 30 – 40 Minuten) (Abb. 2).

Tipp: Bereiten Sie den Fond großzügig zu, damit Sie einen Teil als Vorrat einfrieren können.

Himbeeressig

Zubereitung

Himbeerkerne mit Apfelessig gut bedecken und 2 Tage ziehen lassen (Abb. 1).

Himbeerkernmasse in ein Sieb geben (Abb. 2).

Mit einem Löffel gut ausdrücken (Abb. 3 – 4).

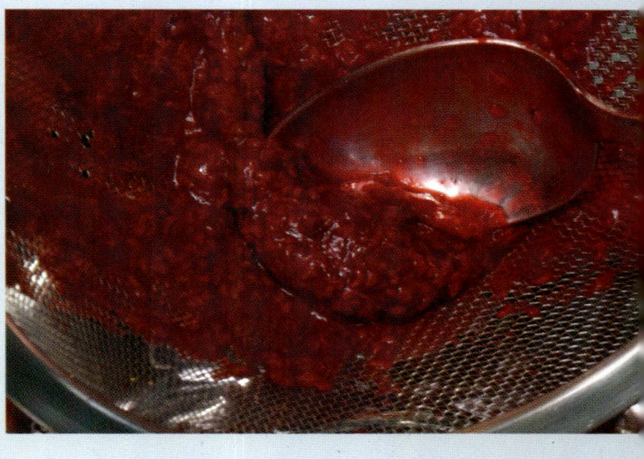

Hummerfond

Zutaten

Hummerkarkasse
1 Zwiebel
2 Möhren
1 Stange Lauch
(nur das Weiße verwenden)
1/4 Sellerie
1/4 l Weißwein
1 TL Tomatenmark
4 Nelken
2 Lorbeerblätter
Öl zum Braten

Tipp: Beim nächsten Hummeressen Fond zubereiten, einfrieren und die wertvollen Reste nutzen, um ein exklusives Hummeröl zuzubereiten.

Zubereitung

Karkasse zerkleinern und im Backofen trocknen.

Gemüse waschen, schälen und klein schneiden.

Zwiebeln und Wurzelgemüse in Öl anbraten. Tomatenmark hinzufügen und weitere 1–2 Minuten anbraten. › Die Karkasse dazugeben. › Mit Weißwein ablöschen, Nelken und Lorbeerblätter hinzugeben.

Mit 1 l Wasser auffüllen und 1 Stunde langsam köcheln lassen. › Ablagerungen abschöpfen und den Fond durch ein feines Sieb passieren.

Hummerbutter

Zutaten

200 g Butter
1/8 l Hummerfond
(s. Grundrezept oben)
Hummereier von 2 Hummern
(unterhalb des Hummerschwanzes)

Zubereitung

Den Hummerfond zur Hälfte einkochen.

Die aufgeweichte Butter und die Hummereier dazugeben und mixen.

Das Ganze 2 Stunden im Kühlschrank erstarren lassen.

Kartoffelgratin

Für 4 Personen

Zutaten

1 kg mehlige Kartoffeln
1/2 l Schlagsahne
frisch geriebener Muskat
1 Knoblauchzehe
Salz, Pfeffer aus der Mühle

Zubereitung

Kartoffeln schälen und in 3 mm dicke Scheiben schneiden (Abb. 1).

Sahne in eine Schüssel geben.

Knoblauchzehe schälen und hacken und in die Sahne geben (Abb. 2).

Geriebene Muskatnuss dazugeben (Abb. 3).

Mit Salz und Pfeffer stark würzen.

Kartoffelscheiben in eine flache, ofenfeste Form geben. › Die Sahne darübergießen (Abb. 4).

Bei 180 °C im vorgeheizten Backofen so lange erhitzen, bis die Sahne eingekocht und von den Kartoffeln aufgesaugt ist (Abb. 5).

Kartoffelgratin wie einen Kuchen teilen und anrichten.

Kartoffelpüree mit Oliven

Für 4 Personen

Zutaten

600 g mehlige Kartoffeln
150 ml Olivenöl
100 g schwarze Oliven, natur
frisch geriebener Muskat
Salz, Pfeffer aus der Mühle

Zubereitung

Kartoffeln ca. 25 Minuten kochen und anschließend schälen.

Kartoffeln in einen Topf geben und zerstampfen (Abb. 1).

Kartoffeln mit Muskat, Salz und Pfeffer kräftig würzen (Abb. 2–3).

Die entkernten und klein gehackten Oliven hinzufügen (Abb. 4).

Mit Olivenöl eine geschmeidige Masse rühren (Abb. 5).

Vor dem Anrichten nochmals erhitzen.

Kartoffelpüree mit Ziegenkäse

Für 4 Personen

Zutaten

600 g mehlige Kartoffeln
200 ml Milch
60 g Butter
200 g Ziegenkäse
(St. Maure-Pyramide)
frisch geriebener Muskat
Salz, Pfeffer aus der Mühle

Zubereitung

Kartoffeln schälen und gar kochen (ca. 25 Minuten).

Den Ziegenkäse in Scheiben schneiden und in Milch aufkochen (Abb. 1). Anschließend die Milch mit dem Käse mixen.

Die Kartoffeln stampfen, salzen, pfeffern und etwas Muskat dazugeben (Abb. 2 – 4).

Die Milch-Käse-Mischung unterrühren und Butter hinzufügen (Abb. 5).

Gut rühren und abschmecken.

Mayonnaise

Zutaten

- 2 Eigelb
- 1 TL milder Senf
- 1/3 l Traubenkernöl
- Salz, Pfeffer aus der Mühle

Vorbereitung

– kann bereits morgens zubereitet werden –

Eigelb und Senf in eine Schüssel geben (Abb. 1 – 2) und mit dem Schneebesen hochschlagen.

Salzen und pfeffern (Abb. 3).

Das Öl langsam hinzufügen und einschlagen (Abb. 4).

Tipp: Sollte die Mayonnaise nicht binden, 1 TL Wasser dazugeben.

Mousse au Chocolat

Für 4 Personen

Zutaten

140 g Bitterschokolade
3 Eier
¼ l Schlagsahne
50 g Zucker
1 Tasse heißer Kaffee

Vorbereitung

– muss mindestens 1 Tag vorher zubereitet werden –

Eigelb und Eiweiß voneinander trennen.

Schokolade im Wasserbad schmelzen lassen (Abb. 1).

Eigelb mit dem Kaffee und dem Zucker wie Zabaione hochschlagen (Abb. 2). › Die geschmolzene Schokolade hinzugießen (Abb. 3).

Sahne und Eiweiß getrennt steifschlagen.

Sahne stufenweise unter die erkaltete Schokolade-Kaffee-Masse heben (Abb. 4). › Eiweiß vorsichtig unterheben (Abb. 5).

Die Masse in einer Schüssel mindestens 6 Stunden im Kühlschrank ruhen lassen.

Papeton von Auberginen

Für 4 Personen

Zutaten

1 Aubergine, 1 Schalotte, 4 Eier
1/8 l Schlagsahne, 1 TL gehackter Thymian
1 Knoblauchzehe
Olivenöl, Butter
Salz, Pfeffer aus der Mühle

Vorbereitung

– kann bereits morgens zubereitet werden –

Schalotten und Knoblauch schälen und klein hacken. › Auberginen schälen (Abb. 1) und in Würfel schneiden. › In einem Topf mit dem Olivenöl die Schalotten anschwitzen (Abb. 2). › 2 Minuten später die Auberginen hinzufügen und weitere 3–4 Minuten anschwitzen (Abb. 3). › Mit Salz und Pfeffer würzen, den Thymian und Knoblauch hinzufügen und ca. 4 Minuten kochen lassen. › Die Masse vom Herd nehmen und mixen. › Die Eier hinzufügen (Abb. 4) und nochmals durchmixen, bis die Mousse glatt ist. Nach Geschmack nachwürzen. › Die Mousse in kleine gebutterte Formen geben und bei 100 °C im vorgeheizten Backofen ca. 20 Minuten garen.

Anrichten

Vor Genuss aufwärmen und stürzen (Abb. 5).

Polenta

Für 4 Personen

Zutaten

250 g Maisgrieß
1/4 l Gemüsefond
(s. Grundrezept S. 192)
1/4 l Milch
250 g Champignons
1 Schalotte fein gehackt
100 g Butter
60 g Parmesan
Salz, Pfeffer aus der Mühle

Vorbereitung

– muss bereits morgens zubereitet werden –

Champignons vierteln.

Schalotten fein hacken.

In einem Topf mit Öl Schalotten und Champignons würzen und anschwitzen (Abb. 1).

Die Champignons herausnehmen.

Die Zwiebeln mit dem Gemüsefond und der Milch ablöschen.

Maisgrieß dazugeben (Abb. 2) und 10 Minuten kochen – dabei ständig rühren.

60 g Butter und 60 g geriebenen Parmesan unterrühren (Abb. 3). Die Champignons wieder dazugeben und eventuell nochmals nachwürzen.

Die Masse in eine gebutterte Pastetenform geben (Abb. 4).

Butterflocken über die Masse geben, mit Alufolie abdecken und ca. 15 Minuten im vorgeheizten Backofen bei 200 °C garen.

Das Ganze erstarren lassen.

Anrichten

Zum Anrichten in Scheiben schneiden und braten (Abb. 5).

Ratatouille

Für 4 Personen

Zutaten

1 Aubergine
1 Zucchini
2 rote Paprika
3 Zwiebeln
5 Fleischtomaten für Tomaten-
concassee (s. Grundrezept S. 208)
2 Knoblauchzehen
2 EL gehackter Estragon
2 EL gehacktes Basilikum
2 EL gehackte Petersilie
1 EL gehackter Thymian

1 EL mildes Paprikapulver
2 TL Tomatenmark
5 EL Gemüsefond
(s. Grundrezept S. 192)
Olivenöl
Salz, Pfeffer aus der Mühle

Vorbereitung

– kann bereits morgens zubereitet werden –

Zwiebeln schälen und hacken.

Von Paprika Strunk und Kerne entfernen und die Paprika in 5 mm breite Würfel schneiden (Abb. 1 – 2).

Zucchini in der Länge vierteln und in 5 mm dicke Würfel schneiden.

Aubergine in der Länge vierteln und in 5 mm dicke Würfel schneiden.

Tomatenconcassee zusammen mit Knoblauch, Tomatenmark, Paprikapulver, Salz, Pfeffer und Gemüsefond fein mixen.

Olivenöl in einen Topf geben und die Zwiebeln darin anschwitzen (Abb. 3).

1 Minute später die Paprika hinzufügen.

2 Minuten später Aubergine dazugeben.

2 Minuten später Zucchini dazugeben (Abb. 4).

Das Ganze noch ca. 5 Minuten garen. Gemixte Tomaten beigeben und das Ganze noch einmal 5 Minuten kochen.

Zuletzt die Kräuter hinzufügen, aufkochen und abschmecken.

Rotkohl mit Äpfeln und Orangen

Für 4 Personen

Zutaten

1 Rotkohl
2 Boskop-Äpfel
2 Zwiebeln
Orangen für 1/4 l Saft
4 EL Zucker
3 EL Rotweinessig
4 EL Öl
1/4 l Gemüsefond
(s. Grundrezept S. 192)
Salz, Pfeffer aus der Mühle

Vorbereitung

– kann bereits 1 Tag vorher zubereitet werden –

Rotkohl vierteln und den weißen Strunk entfernen. Anschließend den Rotkohl in feine Streifen schneiden.

Äpfel schälen, vierteln, Mittelstück entfernen und in dünne Scheiben schneiden.

Zwiebel schälen und in kleine Würfel schneiden.

In einem Topf das Öl erhitzen und die Zwiebeln darin 4 Minuten anbraten. Die Äpfel dazugeben (Abb. 1) und weitere 3 Minuten anbraten. Mit dem Zucker bestreuen (Abb. 2), stark karamellisieren lassen und mit dem Essig (Abb. 3) ablöschen. Nun den Orangensaft und den Fond hinzufügen, damit sich der Karamell auflöst (Abb. 4).

Den Rotkohl hinzufügen, salzen und pfeffern. Einmal umrühren, kurz aufkochen lassen und zugedeckt ca. 15 – 20 Minuten garen lassen.

Tipp: Alle Kohlsorten schmecken besser, wenn sie aufgewärmt sind und 1 Tag durchziehen konnten.

Tomatenconcassee

Zubereitung

Stielansatz von Tomaten entfernen (Abb. 1).

Tomaten 10 Sekunden in kochendes Wasser geben (Abb. 2).

Tomaten herausholen, mit kaltem Wasser abspülen und enthäuten (Abb. 3).

Tomaten vierteln und vom Gehäuse befreien (Abb. 4).

Tomaten in Streifen schneiden und würfeln (Abb. 5).

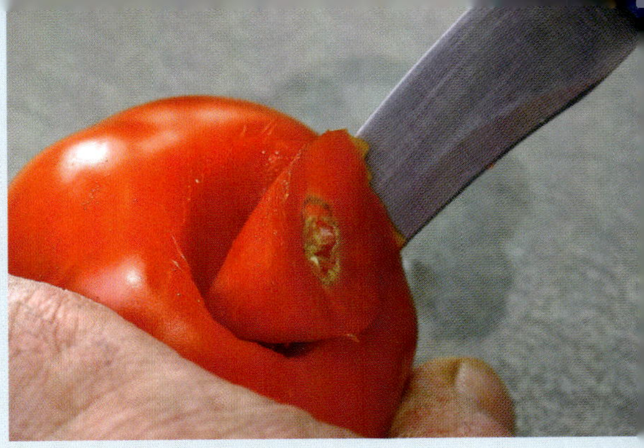

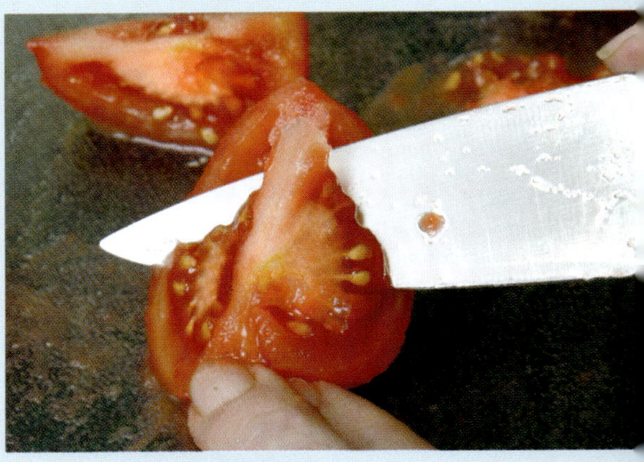

Trüffelmayonnaise

Für 4 Personen

Zutaten

2 Eigelb
1 TL Senf
1/16 l Traubenkernöl
1/16 l Trüffelöl
2 EL Gemüsefond
(s. Grundrezept S. 192)
1 TL gehackte Trüffel
Salz, Pfeffer aus der Mühle

Vorbereitung

– kann bereits morgens zubereitet werden –

Eigelb und Senf in eine Schüssel geben und mit einem Schneebesen hochschlagen.

Öl langsam hinzufügen, salzen und pfeffern.

Gemüsefond und Trüffel dazugeben und nachwürzen.

Vanillesauce

Für 4 Personen

Zutaten

- 1/8 l Schlagsahne
- 1/8 l Milch
- 1 Vanilleschote
- 70 g Zucker
- 2 Eigelb

Zubereitung

Vanilleschote in 2 Hälften teilen (Abb. 1).

Das Mark auskratzen und in einen Topf geben (Abb. 2).

Das Eigelb und den Zucker hinzugeben und schaumig schlagen (Abb. 3).

Heiße Milch hinzufügen und hochschlagen (Abb. 4 – 5). Nicht kochen lassen!

Vanillesauce abkühlen lassen und in den Kühlschrank stellen.

Vinaigrette

Für 2 Personen

Zutaten

1/2 TL milder Senf
1 EL Essig
1 1/2 EL Gemüsefond
(s. Grundrezept S. 192)
1 EL Nussöl
1 EL Olivenöl
1 Prise Zucker
Salz, Pfeffer aus der Mühle

Vorbereitung

– kann bereits morgens zubereitet werden –

Alle Zutaten in ein Einmalglas füllen (Abb. 1 – 2).

Frisch gehackte Kräuter (Petersilie, Schnittlauch, Estragon oder Basilikum) oder getrocknete Herbes de Provence (z. B. im Winter) dazugeben.

Deckel schließen und schütteln, schon ist die Vinaigrette fertig (Abb. 3).

Weinempfehlungen

Domaine Paul Prieur et Fils
Sancerre Loire
Appellation Sancerre Contrôlee

Seit 10 Generationen arbeitet die Familie Prieur als Winzer in der Ortschaft Verdigny, ein Ortsteil von Sancerre. Didier und Philippe Prieur sind verantwortlich für die Domaine. Die Gebrüder sind sehr bodenständige Winzer ohne jegliche Starallüren und können trotzdem sehr stolz auf ihren Wein sein. Sie erzeugen einen Sancerre mit Terroir-Prägung. Durch eine 100 %ige Handlese sind Erträge sowie Bewirtschaftung im Einklang mit der Natur. Ein Sancerre der besonderen Klasse.

→ wird empfohlen zum Menü 1, Seite 16

Châteauneuf du Pape Blanc
Domaine Cristia Rhône

Domaine De Cristia gehört zu den Top 3 der weißen Châteauneuf du Pape. Aufgrund seines Preises wurde er in der Preisleistung die Nummer 1. Dieser Wein ist im Stile eines großen Burgunders. Er hat ein Bouquet von gerösteten Nüssen, weißen Früchten, Kräutern, ist mineralisch und sehr lang im Abgang. Ein idealer Begleiter zum Hauptgericht.

→ wird empfohlen zum Menü 1, Seite 16

Domaine de l'Hortus Blanc „Grande Cuvee"
St. Loup Languedoc
Mis en bouteille au Domaine

Dieser Cuvee von Chardonnay und Sauvignon blanc, barriqueausgebaut, benannt nach dem Massiv de l'Hortus am Pic St. Loup, besticht Jahr für Jahr durch seine konzentrierten Aromen. Sein Weinberg, der konstante Frische genießt, und ein Winzer, der Jahr für Jahr sein unermessliches Talent beweist, gehören sicherlich zu den besten im Languedoc.

→ wird empfohlen zum Menü 2, Seite 26

Cuvee Tradition
Domaine Berthoumieu
Grand Vin Rouge de Madiran
Mis en bouteille au Domaine

Die Familie von Didier Barré bewirtschaftet das Weingut in Viella nun schon in der sechsten Generation. Benannt ist das malerische Anwesen nach der Großmutter Berthoumieu. Die Rebstöcke von der Tanat-Traube sind beeindruckende 40 – 80 Jahre alt. Didier Barré macht hieraus einen vollen, konzentrierten Wein, unglaublich reich an Tanat-Frucht in der Nase, sehr intensiv und komplex. Dieser Wein ist extrem fein.

→ wird empfohlen zum Menü 2, Seite 26

„La Galopine" Blanc Languedoc
Domaine de Terre Megere
Mis en bouteille au Domaine

Junge Wilde. Michel Moreau von der Domaine de Terre Megere ist einer von ihnen, einer der verrückten Qualitäts-Fanatiker. Er hat seinen Stil gefunden, der trotz hoher Parker-Bewertung bezahlbar bleibt. So eigenwillig wie der Winzer ist auch sein „La Galopine" blanc: 55 % Viognier, 30 % Grenache blanc und 15 % Marsanne sowie Clairette du Languedoc sorgen für Finesse und Struktur. Schonende perfekte Handlese mit sofortiger Pressung, temperaturgesteuerte Fermentation. Ein Wein zum unbedingten Kennenlernen.

→ wird empfohlen zum Menü 3, Seite 38

Muscadet Sêvre et Maine sur Lie
„Expression de Granite" Loire
Domaine Guy Bossard's
Mis en bouteille au Domaine

Der Name „Muscadet" steht für die Traubensorte, den Wein und für die Gegend, in der er wächst. Hier handelt es sich um einen leichten, fruchtigen Wein, der zu Krebsen und Früchten etwas besonders Feines sein kann. Guy Bossards Weine werden aus biologisch-dynamischem Anbau vinifiziert.

→ wird empfohlen zum Menü 4, Seite 48

Château Smith-Haut-Lafitte Blanc Bordeaux
Mis en bouteille au Château

Diesen Wein habe ich oft mit großer Freude getrunken. Die neuesten Jahrgänge sind derart gut, dass für mich Smith-Haut-Lafitte die Messlatte für die besten Sauvignon-Blanc weltweit darstellt. Die Säure zeigt ein frisches Limettenspiel, hat Pep und unterstützt herrlich das Gaumenaroma. Ein großer, legendärer Sauvignon-Blanc.

→ wird empfohlen zum Menü 4, Seite 48

Rully Grand Vin Blanc de Bourgogne
Domaine Joseph Drouhin

Ein ehrlicher, klassischer weißer Burgunder mit finessenhaftem und spritzigem Charakter. Der Wein wird gewissenhaft bereitet und hat die Qualität eines wahrhaften weißen Burgunders.

→ wird empfohlen zum Menü 5, Seite 60

Volnay „Vieilles Vignes"
Domaine Nicolas Potel
Mis en bouteille au Domaine

Versuchen Sie nicht, in den einschlägigen Führern etwas über dieses Weingut zu finden. Das Maison Nicolat Potel ist ein echter Geheimtipp. Dieser Wein ist zart, filigran, mit weich-fruchtigem Duft. Harmonie und Hochgenuss sind Ihnen sicher.

→ wird empfohlen zum Menü 5, Seite 60

Château Tour des Gendres
„Cuvee des Conti" Blanc Bergerac
Mis en bouteille au Domaine

Der Kellermeister und Besitzer von Château Tour des Gendres, Luc de Conti, ist ein Mann mit einer Vision. Er will einen Wein machen, der die Vorstellung, die man von Bergerac hat, übersteigt. Seine Qualitätsnormen setzt er penibel um: winzige Erträge, sehr späte Lese in verschiedenen Etappen und dabei eine strenge Auslese. Keine synthetischen Dünger, denn die Reben sollen so tief wie möglich wurzeln. Keine Enzyme – sondern Vergärung auf eigenen Hefen. Keine Entsäuerung, kein Filtern und kein Schönen – sondern Wein pur. Einen Winzer, der diese Praktiken so konsequent anwendet wie Luc de Conti, müssen Sie lange suchen. Das macht sich bezahlt: Luc de Conti steht heute an der Spitze der Appellation. Ein Wein zum Genießen und auch noch bezahlbar.

→ wird empfohlen zum Menü 6, Seite 70

Corton rouge
Maison Nicolas Potel Bourgogne
Mis en bouteille au Domaine

Clive Contes, der Weinkritiker, schrieb unlängst über diesen Winzer: „Ich bewundere sehr die Weine von Potel, denn sie sind sehr reich an Aromen und haben einen wunderbaren Nachklang. Dem ist nichts hinzuzufügen."

→ wird empfohlen zum Menü 6, Seite 70

Chablis Premier Cru „Mont de Milieu"
Domaine Joseph Drouhin
Mis en bouteille au Domaine

Ein klassischer Chablis mit reichhaltigem Bukett und ausgeprägter Säure. Fülle und Stärke mit angenehmem Nachklang. Kurzum: ein Wein zum Genießen.

→ wird empfohlen zum Menü 7, Seite 82

Schloss Vollrads Riesling Kabinett trocken
Rheingau
Erzeugerabfüllung

Schloss Vollrads liegt in einer Talsenke zwischen den Weinbergen bei Winkel. Der großartige Weinbergbesitz produziert einen Riesling, der feinfruchtig, elegant und filigran ist. Zu besonderen Gelegenheiten ein erlesener Begleiter.

→ wird empfohlen zum Menü 8, Seite 92

Chinon „Les Varennes du Grand Clos"
Grand Vin Rouge de Loire
Domaine Charles Joquet

Reden wir über „alte Rebstöcke": 30 Jahre ist schon sehr alt. 40 Jahre ist schon fast geschäftsschädigend alt, weil die Stöcke nur noch wenige (dafür aber konzentrierte) Reben tragen. Aber wie bezeichnet man Rebstöcke, die im Durchschnitt 50 Jahre alt sind? Vielleicht als Phänomen. Der Besitzer solcher alter Rebanlagen ist Charles Joquet, der als „Der Künstler von Chinon" gilt, denn er ist nicht nur Winzer, sondern auch Maler und Bildhauer. Seine kunstvollen Weine zeichnen sich durch ihre Konzentration und ihre elegante Finesse aus. Ein Wein zum bezahlbaren Preis, der noch besser mundet, wenn er leicht gekühlt ist.

→ wird empfohlen zum Menü 8, Seite 92

Puligny-Montrachet Burgund
Domaine Leflaive
Mis en bouteille au Domaine

Vielleicht der höchstgeachtete Weißweinspezialist an der Côte d'Or, ein Familienbesitz mit superben Lagen. Der besondere Charakter des Puligny-Montrachet, eine Kombination aus Wucht und Finesse, kommt in dieser sublimsten Form des Chardonnay schön zur Geltung. Ein solcher Wein kann nicht preiswert sein, dennoch sollte man diesen Hochgenuss hin und wieder mit gemeinsamen Freunden bei einem guten Essen erleben.

→ wird empfohlen zum Menü 9, Seite 104

Château Villeneuve Saumur-Champigny
„Le Grand Clos"– Grand Vin de Loire
Mis en bouteille au Château

Die Hänge von Château Villeneuve sind fast vollständig mit alten Rebstöcken bepflanzt; und das in Lager, die zu den besten der gesamten Appellation Saumur-Champigny gehören. Die junge Familie Chevalier tut ihr Übriges, um diese Qualität in die Flasche zu bringen. Die kleinen Erträge garantieren einen konzentrierten und dennoch geschmeidigen Weißwein. Zweifellos gehört Château Villeneuve zur Elite dieser Appellation.

→ wird empfohlen zum Menü 10, Seite 114

Côtes du Ventoux „L'Eclat Blanc"
Domaine de Fondrêche Rhône-Süd
Mis en bouteille au Domaine

Eines der interessantesten Weingüter Südfrankreichs in der Preisleistung ist ohne Frage die am Fuße des Mount Ventoux gelegene Domaine de Fondrêche. 1990 übernahm die Familie Burthelemy-Vinanti die Domaine, die die besten Lagen mit sehr alten Rebbeständen am Berg Ventoux besitzt. Sebastian Vincent ist der Önologe, der in sehr kurzer Zeit die Domaine zu Weltruhm brachte. Der 2000er-Jahrgang zählt wie 1998 und 1999 zu den besten Jahrgängen an der Süd-Rhône. Ein Wein zum Kennenlernen.

→ wird empfohlen zum Menü 11, Seite 124

Gigondas „Le Grand Montmirail" Rouge Rhône
Mis en bouteille au Domaine Brusset

Blindproben bringen es häufig an den Tag: Ohne große Namen und schicke Designer-Etiketten müssen die Weine für sich sprechen – und mancher große Name erhält da plötzlich einen „großen Dämpfer". Andere Weine, unbekannte bis dahin, sprechen für sich. Die Weine der Domaine Brusset können dies fabelhaft: Rebstöcke mit einem Durchschnittsalter von über 30 Jahren, die geheimen Verschnitte der Trauben Syrah sowie Grenache und der feinfühlige Einsatz des Holzes bei dem Wein machen den Stil des Hauses aus. Ein Wein, auf den man sich verlassen kann.

→ wird empfohlen zum Menü 11, Seite 124

Maximin Grünhäuser
Abtsberg Riesling Kabinett trocken
Gutsverwaltung von Schubert

Die Weinberge von Maximin Grünhaus befinden sich in einer arrondierten Lage auf der linken Seite des Ruwer. Wie nur bei wenigen anderen Weingütern in Deutschland, zeigen die Weine von Maximin Grünhaus eine klare, unverwechselbare Handschrift. Der Riesling Kabinett trocken Abtsberg ist kraftvoll und mineralisch; in jüngeren Jahren etwas verschlossen, klare Frucht, frisch, etwas zitruswürzig, ausgewogen und hat einen angenehmen Nachklang.

→ wird empfohlen zum Menü 12, Seite 134

Bouzy Rouge
„Grand Vin Rouge de Champagne"
Mis en bouteille par Paul Clouet

Bouzy Rouge, gewonnen aus der Pinot-Noir-Traube, zeigt sein wunderbares rubinrotes Gesicht. Finesse, leicht holzig mit zarten Noten von roten Früchten. Dieser Wein, leicht gekühlt, ist ein Erlebnis der besonderen Art.

→ wird empfohlen zum Menü 12, Seite 134

Domaine des Fines Cailottes Loire
Pouilly-Fumé
Jean Pabiot et Fils

Alain Pabiot und sein Sohn Jéróme rühmen sich einer Tradition, die seit fünf Generationen erhalten wird. Dabei legen sie viel Wert auf die überlieferten Methoden des Weinbaus und der Weinbereitung. Die „Domaine des Fines Caillottes" befindet sich auf dem besten Boden des Weinbaugebiets Pouilly-Fumé. Der Ton- und Kalkboden mit den vielfältigen Mikroklimata passen sehr gut zu der Rebsorte Sauvignon, deren Aromen entweder fruchtig oder blumig oder – je nach Zusammensetzung – beides sind. Das Ganze führt zu einem Gleichgewicht im Munde: sehr aromatisch, strömt den Duft reifer Früchte aus: Blutorange, Quitte, Passionsfrucht. Erster Eindruck im Mund mild, körperreich, vollmundig und mit einer schönen Struktur. Man spürt intensiv die Aromen der gelben Früchte. Was für ein Pouilly-Fumé! Einfach großartig!

→ wird empfohlen zum Menü 13, Seite 146

Château Talbot St. Julien
Bordeaux
Mis en bouteille au Château

Eines der größten und ertragreichsten Weingüter von Bordeaux. Ein voller, fruchtiger, milder Wein, jedoch mit nicht ganz soviel Fülle und Körper wie seine Schwester Gruaud-Laroze. Ein Klassiker, den man gerne zum Lamm trinkt.

→ wird empfohlen zum Menü 13, Seite 146

Schloss Johannisberger Riesling Spätlese trocken
Rheingau
Erzeugerabfüllung

Majestätisch dominiert Schloss Johannisberg das Rheintal über Geisenheim. Hier sind zu fast allen Zeiten fantastische Weine erzeugt worden. Die Weine von Schloss Johannisberg sind ungewöhnlich fest in der Art, voll und langlebig mit allen guten Eigenschaften eines klassischen Rieslings.

→ wird empfohlen zum Menü 14, Seite 158

Nuits St. Georges
Burgund
Mis en bouteille au Domaine Faiveley

Roter Burgunder kann so fein sein, dass er geradezu danach verlangt, für sich allein und ohne begleitende Speisen genossen zu werden. Andererseits kann er in Fülle und Weinigkeit so mächtig sein, dass es ein Genuss ist, Reh und diesen Wein gemeinsam zu genießen.

→ wird empfohlen zum Menü 14, Seite 158

Château Le Thil Comte Clary
„Pessac-Léognan-Blanc"
Mis en bouteille au Château

Eines der schönsten Schlösser im gesamten Bordelais. Immense Parkanlagen umsäumen diesen Besitz, die Rebanlagen stehen auf bestens ausgerichteten Ton-Kalkböden. Elegantes Goldgelb, in der Nase lebendiger Duft nach frischen gelben und weißen Früchten, Würze von Heu und Wiesenblumen, die Barriquenden sind erlesen integriert und wunderschön im Geschmacksbild unterstützend. Die Struktur ist weich und präzise, der Geschmackseindruck von nobler Größe und Eleganz. Dieser weiße Bordeaux schmeckt deutlich edler, als es der Preis vermuten lässt.

→ wird empfohlen zum Menü 15, Seite 168

Château Le Thil Comte
„Pessac-Léognan-Rouge"
Mis en bouteille au Château

Purpurrot, aus dem Glas strömt eine komplexe, definierte Nase nach roten und schwarzen Beeren, etwas Kaffee, feines Süßholzaroma. Perfekt facettierte Struktur im Mund, körperreicher Eindruck. Schöne Aromen von Beeren und Früchten (Cassis, Pflaume, Kirsche), das Finale kommt geschliffen und lang, schöner Rücklauf der Aromatik

→ wird empfohlen zum Menü 15, Seite 168

Dessertwein von Pansal del Calas

Die Kellerei Capcanes bei Taragona macht mit ihrem deutschen Önologen Jürgen Wagner Furore. Der Wein ist vom Öchslegrad her eine Beerenauslese. Weder geschönt noch kältestabilisiert und ungefiltert abgefüllt. Der pure Weingenuss. Ein großer Dessertwein und das zu sehr attraktivem Preis.

→ wird empfohlen zum Menü 15, Seite 168

Meursault „Clos de la Barre"
Domaine Jean Monnier & Fils
Appellation Controlee Côte de Beaune Bourgogne

Seit dem 18. Jahrhundert betreibt die Familie Monnier Weinbau und vinifiziert Weine, die durch Raffinesse und Eleganz bestechen. In der langen Geschichte der Domaine konnte der Besitz vom Vater auf den Sohn vererbt werden. Alle Weine benötigen eine Reifezeit von mindestens drei Jahren, bevor sie ihr volles Potenzial offenbaren. Volles Grüngelb, exotischer Duft von Pfirsich, Zimt und Haselnuss, klare Frucht mit mineralischen Noten, zartgliedriger Körper. Ein Wein zum Genießen.

→ wird empfohlen zum Menü 16, Seite 178

Château Gros Caillou Grand Cru St. Emilion
Rouge Bordeaux
Mis en bouteille au Château

Das Château Gros Caillou ist seit fünf Generationen im Besitz der Familie Dupuy. Es liegt in der Gemeinde St. Sulpice de Faleyrens, drei Kilometer von St. Emilion entfernt. 1981 übernahm Jacques Dupuy in der vierten Winzergeneration die Verantwortung für das elf Hektar große Weingut. Durch stetige Kontrolle der Veredelungstechniken kann Château Gros Caillou sich entfalten und die Charakteristik seines Terroirs und der Rebsorte Merlot bewahren. Rubinrot, herrliches Fruchtbouquet und geschmeidig im Abgang, wird dieser Wein zu einem Erlebnis.

→ wird empfohlen zum Menü 16, Seite 178

Danksagung

Bedanken möchte ich mich bei meiner Frau Margret, meinem Freund Detlef, meinem Freund Jean Claude und bei meinem Sohn Tim, die mir mit ihrer Herausforderung, ihren Ideen, Rat und Tat stets hilfreich zur Seite standen.

Impressum

OSNATON
Ziegelweg 11
50321 Brühl
Germany

Gesamtherstellung: Dave Maler
Grafische Gestaltung: Achim Konopatzki
Fotografien: Hans König
Weinhandel Scholzen: www.weinpalais.de

ISBN 3-9811337-0-6
ISBN 978-3-9811337-0-7